HISTORY OF THE GREAT WAR

BASED ON OFFICIAL DOCUMENTS

BY DIRECTION OF THE HISTORICAL SECTION OF THE
COMMITTEE OF IMPERIAL DEFENCE

ORDER OF BATTLE OF DIVISIONS

• INDEX •

Compiled by
RAY WESTLAKE

The Naval & Military Press Ltd

Reproduced by kind permission of the Central Library,
Royal Military Academy, Sandhurst

Published by
The Naval & Military Press Ltd
Unit 10, Ridgewood Industrial Park,
Uckfield, East Sussex,
TN22 5QE England
Tel: +44 (0) 1825 749494
Fax: +44 (0) 1825 765701
www.naval-military-press.com
www.military-genealogy.com
www.militarymaproom.com

© The Naval & Military Press Ltd 2008

ORDER OF BATTLE OF DIVISIONS

Part 1   The Regular British Divisions

Part 2a   The Territorial Force Mounted Divisions and The 1st-Line Territorial Force Divisions (42-56)

Part 2b   The 2nd-Line Territorial Force Divisions (57th-69th), with The Home-Service Divisions (71st-73rd) and 74th and 75th Divisions

Part 3   New Army Divisions (9-26 and 30-41) and 63rd (R.N.) Division

Part 4   The Army Council, G.H.Q.s, Armies, and Corps 1914–1918

Index to Order of Battle of Divisions

Printed and bound by CPI Antony Rowe, Eastbourne

INDEX

to

ORDER OF BATTLE OF DIVISIONS

Parts 1, 2A, 2B, 3A and 3B

Complied by Ray Westlake

This Index has been extended from those included with Major Becke's original five-volume work (confined generally to Divisional and Brigade references) so as to provide, for the first time, references to the smaller formations—battalions, artillery batteries, field companies, field ambulances, machine gun companies, trench mortar batteries, mobile veterinary sections etc.—that made up the several divisions covered by *Order of Battle of Divisions Parts 1, 2A, 2B, 3A and 3B*. Page references have been recorded by part number, followed by a forward slash, then page number. In this way a unit appearing on pages 21 of Part 2B and 45 of Part 3A, for example, is shown in the Index as: 2B/21...3A/45. To gather the complete story of a unit (as recorded by Becke) it is recommended that the researcher, having dealt with the main Order of Battle tables and General Notes sections (both indexed) set out for each division, then reads the pages dealing with 'Formation, Battles, and Engagements' (not indexed) where often additional references have been made. Likewise, 'Notes on Order of Battle' pages (not indexed) should also be studied thoroughly.

It has not been felt necessary to include *Part 4* (Army Council, GHQs, Armies and Corps) in this Index as the existing 'Contents' and 'Index' pages are comprehensively set out and adequate.

Aberdeenshire Field Batteries
    1/1st: 2A/104
    2/1st: 2B/56
    1/2nd: 2A/104
    2/2nd: 2B/56
    1/3rd: 2A/104
    2/3rd: 2B/56

Advanced Depot, Medical Stores, 22nd: 1/113

Ambulance Train, 52nd: 1/113

Ambulance Workshops: See *Divisional Ambulance Workshops (numbered)*

Ammunition Columns (Divisional): See *Divisional Ammunition Columns (numbered)*

Anatolian Mounted Infantry: 1/112

Anatolian Railways: 1/113

Anson Battalion: 1/119...3B/120,121,148

Anti-Aircraft Sections
    No.12: 1/91
    92nd: 3A/37
    M: 3A/37
    P: 3A/37

Argyll and Sutherland Highlanders
    1st: 1/100
    2nd: 1/44...3B/34,35
    1/5th: 2A/112...3B/45
    1/6th: 1/68...2A/104,105
    2/6th: 2B/56,57
    1/7th: 1/60...2A/103,104,105
    2/7th: 2B/56,57
    1/8th: 2A/104...2B/37...3A/57
    2/8th: 2B/56,57
    1/9th: 1/59,99...2A/103
    2/9th: 2B/56,57
    10th: 3A/6...3B/25
    11th: 3A/56...3B/97
    12th: 3A/146,147
    13th: 3B/138
    14th: 3A/49...3B/3,94,102,136

Argyllshire Mountain Battery: 1/120...3A/13,145

Armoured Motor Machine Gun Squadron: 3B/120,149

Army Cyclist Corps Companies
    64th: 2B/57
    65th: 2B/63
    67th: 2B/79
    68th: 2B/87
    69th: 2B/95
    71st: 2B/102
    72nd: 2B/108
    73rd: 2B/114,115

Army Service Corps Companies
    27th: 1/4
    45th: 1/4
    46th: 1/12
    56th: 1/12
    57th: 1/4
    58th: 1/4
    73rd: 1/20
    76th: 1/20
    81st: 1/20
    121st: 1/112
    122nd: 1/112
    123rd: 1/112
    413th: 1/12
    414th: 1/20
    424th: 1/12
    483rd: 2B/19
    484th: 2B/19
    485th: 2B/19
    486th: 2B/19
    563rd: 2A/23
    574th: 1/4
    575th: 1/12
    576th: 1/20
    605th: 1/112
    780th: 1/112,113
    787th: 1/113
    1061st: 1/108
    E Supply: 1/112

Army Service Corps (Divisional): See *Divisional Trains Army Service Corps (numbered)*

Artists Rifles: See *28th London Regiment*

Auckland Battalion: 3B/149

Australian Divisional Signal Company: 3B/148

Australian Field Artillery Battery, 6th: 1/119

Australian Field Artillery Brigade, 1st: 1/119

Australian Infantry Battalions
    5th: 3B/148
    6th: 3B/148
    7th: 3B/148
    8th: 3B/148

Australian Infantry Brigade, 2nd: 3B/148

Ayrshire Field Batteries
    1/1st: 2A/112
    2/1st: 2B/62
    1/2nd: 2A/112
    2/2nd: 2B/62

B

Bacteriological Section, No.5: 3B/83

Baluchis
  2/127th: 2B/29
  130th: 2B/29

Bedfordshire Regiment
  1st: 1/68
  2nd: 1/84...3A/83... 3B/4,5
  4th: 3B/121
  1/5th: 2A/128
  2/5th: 2B/94,95
  6th: 3B/74,75,97
  7th: 2B/72...3A/82...3B/3
  8th: 1/76...3A/130
  9th: 3B/134
  10th: 3B/138
  51st: 2B/57,102
  52nd: 2B/57,102

Bedfordshire Yeomanry
  1/1st: 1/4
  2/1st: 2B/4,36,70,86,102

Belgian Field Artillery Regiment, 13th (XIII):
  3B/112

Belgian Field Batteries
  1st: 3B/112
  2nd: 3B/112
  3rd: 3B/112
  4th: 3B/112
  5th: 3B/112
  6th: 3/B/112

Benbow Battalion: 3B/120

Berkshire Royal Horse Artillery
  1/1st: 2A/4,12,13,32
  2/1st: 2A/22,29

Berkshire Yeomanry
  1/1st: 2A/4,12,13,32
  2/1st: 2A/22,28

Bethell's Force: 2B/69

Black Watch
  1st: 1/36
  1/4th: 2A/63,103...3A/55...3B/94
  2/4th: 2B/56,57
  4th/5th: 3A/57...3B/94,95
  1/5th: 1/92...2A/103...3B/94
  1/6th: 2A/104,105
  2/6th: 2B/56,57
  1/7th: 2A/104,105
  2/7th: 2B/56,57

  8th: 3A/6,7
  9th: 3A/56,65...3B/97
  10th: 2B/72...3A/146
  11th: 3B/137
  13th: 1/100...2A/97
  14th: 2B/118

Border Regiment
  1st: 1/120
  2nd: 1/84
  1/4th: 2A/50
  2/4th: 2A/50
  1/5th: 2A/96,97...2B/70...3B/25
  6th: 3A/22
  7th: 3A/74,75
  8th: 3A/137,138
  9th: 1/112...3A/113,114,115
  11th: 2B/72...3B/24,25

Brecknockshire Battalion
  1/1st: 2A/50
  2/1st: 2B/93 (shown by Becke as 2/1 SWB)

Brigade Machine Gun Companies: *See Machine Gun Companies*

Brigade Signal Section, 228th: 1/108

Brigade Train, 228th: 1/108

Buckinghamshire Battalion
  1/1st: 2A/80,81
  2/1st: 2B/36

Buffs East Kent Regiment
  1st: 1/76,112
  2nd: 1/108
  1/4th: 2A/50...2B/79
  2/4th: 2B/78,79
  1/5th: 2A/50
  2/5th: 2B/78,79
  6th: 3A/30,31
  7th: 3A/82,83
  8th: 3A/130
  9th: 3B/135
  10th: 2B/118

Buteshire Mountain Battery:
  1/99...2B/58...3A/145

C

Cambridgeshire Regiment
  1/1st: 1/100...2A/127...3A/31...3B/94,95
  2/1st: 2B/79,94,95
  4/1st: 2B/94,95

Cameron Highlanders
  1st: 1/36
  2nd: 1/100
  1/4th: 1/84,91...2A/103
  2/4th: 2B/56,57
  5th: 3A/6,7
  6th: 3A/56,57
  7th: 3A/56...3B/97
  8th: 3B/137
  10th: 1/100
  11th: 3B/103

Cameronians: See *Scottish Rifles*

Canadian Cavalry Brigade: 1/18,19,20

Canadian Cavalry Machine Gun Squadron: 1/20

Canadian Signal Troop: 1/20

Canterbury Battalion: 3B/149

Cape Corps, 1st: 2A/120

Carabiniers: See *6th Dragoon Guards*

Cardiganshire Field Batteries
  1/1st: 2A/120
  2/1st: 2B/86

Carnarvonshire Heavy Batteries: See *Welsh*

Castlemartin Yeomanry: See *Pembrokeshire Yeomanry*

Casualty Clearing Stations
  28th: 1/113
  85th: 1/114

Cavalry, 33rd: 3A/37

Cavalry Ammunition Parks
  1st: 1/4
  2nd: 1/12
  3rd: 1/20

Cavalry Brigade Machine Gun Squadrons
  1st: 1/4
  2nd: 1/4
  3rd: 1/12
  4th: 1/12
  5th: 1/12
  6th: 1/20
  7th: 1/20
  8th: 1/20
  9th: 1/4

Cavalry Brigades (numbered)
  1st: 1/2,4
  2nd: 1/2,4
  3rd: 1/2,4,10,12,113
  4th: 1/2,4,10,12
  5th: 1/10,12
  6th: 1/18,20
  7th: 1/18,20
  8th: 1/18,20
  9th: 1/2,4

Cavalry Division: See *1st Cavalry Division*

Cavalry Divisional Army Service Corps
  1st: 1/4
  2nd: 1/12
  3rd: 1/20

Cavalry Divisional Auxiliary (Horse) Army Service Corps
  1st: 1/4
  2nd: 1/12
  3rd: 1/20

Cavalry Divisional Field Ambulance Workshops
  1st: 1/3
  2nd: 1/11
  3rd: 1/19

Cavalry Divisions
  1st: 1/1-7
  2nd: 1/9-15
  3rd: 1/17-23

Cavalry Field Ambulances
  1st: 1/4
  2nd: 1/4,12
  3rd: 1/4
  4th: 1/4,12
  5th: 1/12
  6th: 1/20
  7th: 1/20
  7th (Canadian): 1/20
  8th: 1/20
  9th: 1/4

Cavalry Supply Columns
  1st: 1/4
  2nd: 1/12
  3rd: 1/20

Chatham Battalion: 3B/120

Cheshire Field Batteries
  1/1st: 2A/120
  2/1st: 2B/86
  1/2nd: 2A/120
  2/2nd: 2B/86
  1/3rd: 2A/120
  2/3rd: 2B/86

Cheshire Field Companies
  1/1st: 1/52...2A/119
  2/1st: 2A/120...2B/85

3/1st: 2B/86

Cheshire Regiment
1st: 1/68
2nd: 1/108,112
1/4th: 2A/120...3B/45
2/4th: 2B/86
1/5th: 1/68...2A/119,144
2/5th: 2A/119...2B/86,87
1/6th: 1/67,83...2A/119...3A/137...3B/5,94,95
2/6th: 2A/119...2B/86
1/7th: 2A/120...3B/45
2/7th: 2B/86,87
8th: 3A/38,39
9th: 3A/90,91
10th: 3A/138,139
11th: 3A/138...3B/97
12th: 1/112...3A/114,115
13th: 3A/138
14th: 3B/138
15th: 3B/54,55
16th: 3B/54
23rd: 2B/19...3B/103
51st: 2B/63,79
52nd: 2B/63,79

Cheshire Royal Field Artillery Brigades and Ammunition Columns
1/1st: 2A/119...2B/85...3B/23
2/1st: 2B/86

Cheshire Yeomanry
1/1st: 2A/4
2/1st: 2A/5

City of Edinburgh Heavy Batteries: *See Lowland*

City of London Horse Artillery: *See A and B Batteries, Honourable Artillery Company*

City of London Yeomanry
1/1st: 2A/12,13.32
2/1st: 2A/5,22,23
2/2nd: 2B/28

Civil Service Rifles: *See 15th London Regiment*

Coast Battery, 'S': 1/114

Coldstream Guards
1st: 1/28,36
2nd: 1/28,44
3rd: 1/28,44...3B/15
4th: 1/28

Collingwood Battalion: 3B/120

Combined Field Ambulances
113th: 2A/120
121st: 2B/29

123rd: 2B/126
127th: 2B/126
154th: 3A/15
160th: 2B/29
163rd: 2B/126
165th: 3A/15
166th: 3A/15
170th: 2A/120
171st: 2A/120
179th: 2B/29

Composite Division (Helles): 3B/148,149

Composite Infantry Brigades
21st: 3B/3
25th: 2A/95
30th: 3B/3
92nd: 3B/13
Helles: 3B/148

Composite Mounted Brigades
1st: 2A/10,13
2nd: 2A/10,13

Connaught Rangers
2nd: 1/44
5th: 2B/70...3A/14,15,50...3B/47
6th: 3A/64,65...3B/47,97

Corps Cyclist Battalion, 8th (VIII): 2A/135

County of London Yeomanry
1/1st: 2A/12,13.32
2/1st: 2A/5,22
1/2nd: 2A/12,13,33,119,144...2B/118
2/2nd: 2B/19,35
1/3rd: 2A/12,13,32
2/3rd: 2A/5,22

Cumberland Field Batteries
1/1st: 2A/38
2/1st: 2B/70
1/2nd: 2A/38
2/2nd: 2B/70

Cumming's Force: 3A/105

Cyclist Battalions
11th: 2B/3
13th: 1/35
17th: 1/35

Cyclist Brigade Army Service Corps
1st: 2A/5
2nd: 2A/5
3rd: 2A/5
4th: 2A/5
5th: 2A/23,28
6th: 2A/28

7th: 2A/28
8th: 2A/28
9th: 2A/22
11th: 2A/23
12th: 2A/23
13th: 2A/23

Cyclist Brigade Field Ambulances
1st: 2A/5
2nd: 2A/5
3rd: 2A/5
4th: 2A/5
5th: 2A/23,28
6th: 2A/28
7th: 2A/28
8th: 2A/28
9th: 2A/22
11th: 2A/23
12th: 2A/23
13th: 2A/23

Cyclist Brigade Signal Sections
5th: 2A/23
11th: 2A/23
12th: 2A/23
13th: 2A/23

Cyclist Brigade Signal Troops
1st: 2A/5
2nd: 2A/5
3rd: 2A/5
4th: 2A/5
5th: 2A/23,28
6th: 2A/28
7th: 2A/28
8th: 2A/28
9th: 2A/22

Cyclist Brigades
1st: 2A/3,5
2nd: 2A/3,5
3rd: 2A/3,5
4th: 2A/3,5
5th: 2A/21,23,27,28
6th: 2A/27,28
7th: 2A/27,28
8th: 2A/27,28
9th: 2A/20,22
11th: 2A/21,23
12th: 2A/21,23
13th: 2A/21,23

Cyclist Companies (Army Cyclist Corps): *See Army Cyclist Corps Companies*

Cyclist Companies (Divisional): *See Divisional Cyclist Companies (numbered)*

Cyclist Divisional Army Service Corps
1st: 2A/5,23
2nd: 2A/28

Cyclist Divisional Signal Company, 1st: 2A/5,23

Cyclist Divisional Signal Squadron, 2nd: 2A/28

Cyclist Divisions
The Cyclist Division: 2A/23...2B/143
1st: 2A/5
2nd: 2A/27,28

D

Dardanelles Defences: 1/112,113

Deal Battalion: 3B/120

Deccan Horse, 20th: 2A/33

Deccan Infantry, 2/97th: 1/112

Denbighshire Yeomanry
1/1st: 2A/4
2/1st: 2A/5

Deoli, 2/42nd: 3A/15

Derbyshire Field Batteries
1/1st: 2A/64
2/1st: 2B/20
1/2nd: 2A/64
2/2nd: 2B/20

Derbyshire Yeomanry
1/1st: 1/99...2A/4,12,13
2/1st: 2A/22,23

Détachement Français de Palestine et Syrie: 2A/127

Devon and Cornwall Infantry Brigades
1/1st: 2A/43,44
2/1st: 2A/55,56

Devonshire Field Batteries
1/1st: 2A/44
2/1st: 2A/56
1/2nd: 2A/44
2/2nd: 2A/56
1/3rd: 2A/44
2/3rd: 2A/56

Devonshire Heavy Battery
2nd: 2A/4

Devonshire Regiment
1st: 1/51,68
2nd: 1/92
1/4th: 2A/44

2/4th: 2A/56...2B/126
1/5th: 2A/44...2B/44,126
2/5th: 2A/56
1/6th: 2A/44
2/6th: 2A/56
1/7th: 2A/23,28
2/7th: 2B/113
8th: 1/84
9th: 1/84...3A/139
10th: 3A/146,147
11th: 3B/136
16th: 2B/118
51st: 2B/57
52nd: 2B/57

Dismounted Brigades
1st: 2A/111
3rd: 2A/37
4th: 2A/119

Dismounted Division: 1/3

Divisional Ambulance Workshops (numbered)
1st: 1/35
2nd: 1/43
3rd: 1/51
4th: 1/59
5th: 1/67
6th: 1/75
7th: 1/83
8th: 1/91
9th: 3A/5
10th: 3A/13
11th: 3A/21
12th: 3A/29
13th: 3A/37
14th: 3A/47
15th: 3A/55
16th: 3A/63
17th: 3A/73
18th: 3A/81
19th: 3A/89
20th: 3A/97
21st: 3A/105
22nd: 3A/113
23rd: 3A/121
24th: 3A/129
25th: 3A/137
26th: 3A/145
27th: 1/99
28th: 1/107
29th: 1/119
30th: 3B/3
31st: 3B/13
32nd: 3B/23

33rd: 3B/33
34th: 3B/43
35th: 3B/53
36th: 3B/63
37th: 3B/73
38th: 3B/83
39th: 3B/93
40th: 3B/105
41st: 3B/112
46th: 2A/63
47th: 2A/71
48th: 2A/79
49th: 2A/87
50th: 2A/95
51st: 2A/103
52nd: 2A/111
55th: 2A/135
56th: 2A/143
63rd: 2B/51
64th: 2B/58
65th: 2B/64
67th: 2B/77
69th: 2B/93

Divisional Ammunition Columns (numbered)
1st: 1/36
2nd: 1/44
3rd: 1/52
4th: 1/60
5th: 1/68
6th: 1/76
7th: 1/84
8th: 1/92
9th: 3A/6,7
10th: 3A/14,15...3B/63,64,83
11th: 3A/22,23
12th: 3A/30,31
13th: 3A/38,129
14th: 3A/48,49
15th: 3A/56,57
16th: 3A/63,64,65
17th: 3A/74,75
18th: 3A/82,83
19th: 3A/90,91
20th: 3A/98,99
21st: 3A/106,107
22nd: 3A/114
23rd: 3A/122,123
24th: 3A/130,131
25th: 3A/138,139
26th: 3A/146
27th: 1/100
28th: 1/108,112,113

29th: 1/120
30th (original): 3B/133
30th: 3B/4,5
31st (original): 3B/134
31st: 3B/11,14,15,21
32nd (original): 3B/135
32nd: 3B/11,21,24,25
33rd (original): 3B/136
33rd: 3B/34,35
34th (original): 3B/137
34th: 3B/44,45
35th (original): 3B/138
35th: 3B/54,55
36th: 3B/64,65
37th: 3B/74,75
38th: 3B/84,85
39th: 3B/94,95
40th: 3B/102,103
41st: 3B/110,111
42nd: 2A/38
46th: 2A/64
47th: 2A/72
48th: 2A/80,81
49th: 2A/88
50th: 2A/96,97
51st: 2A/104,105
52nd: 2A/112
53rd: 2A/119,120...2B/85...3B/23
54th: 2A/127,128...3B/33
55th: 2A/136
56th: 2A/144
57th: 2B/4
58th: 2B/12,13
59th: 2B/20
60th: 2B/28,29
61st: 2B/36,37
62nd: 2B/44
63rd: 2B/52
63rd (Royal Naval): 3B/121
64th: 2B/56,57
65th: 2B/62,63
66th: 2B/70
67th: 2B/78,79
68th: 2B/86,87
69th: 2B/94,95
71st: 2B/102
72nd: 2B/108
73rd: 2B/114,115
74th: 2B/118
75th: 2B/126

Divisional Cavalry Squadron, 11th: 3A/21

Divisional Cyclist Companies (numbered)
1st: 1/36
2nd: 1/44
3rd: 1/52
4th: 1/60
5th: 1/68
6th: 1/76
7th: 1/84
8th: 1/92
9th: 3A/6
10th: 3A/14
11th: 3A/22
12th: 3A/30
13th: 2A/37...3A/38,39
14th: 3A/48
15th: 3A/56
16th: 3A/64
17th: 3A/74
18th: 3A/82
19th: 3A/90
20th: 3A/98
21st: 3A/106
22nd: 3A/114
23rd: 3A/122
24th: 3A/130
25th: 3A/138
26th: 3A/146
27th: 1/100
28th: 1/108
29th: 1/120
30th (original): 3B/133
30th: 3B/4
31st (original): 3B/134
31st: 3B/14
32nd (original): 3B/135
32nd: 3B/24
33rd (original): 3B/136
33rd: 3B/34
34th (original): 3B/137
34th: 3B/44
35th (original): 3B/138
35th: 3B/54
36th: 3B/64
37th: 3B/74
38th: 3B/84
39th: 3B/94
40th: 3B/102
41st: 3B/110
47th: 2A/72
51st: 2A/104
52nd: 2A/112
53rd: 2A/120
54th: 2A/128

55th: 2A/136
57th: 2B/4
59th: 2B/20
60th: 2B/28
61st: 2B/35
62nd: 2B/44
63rd: 2B/52
64th: 2B/56,57
65th: 2B/62
66th: 2B/70
67th: 2B/79
68th: 2B/86
69th: 2B/94
71st: 2B/102
72nd: 2B/108
73rd: 2B/114

Divisional Employment Companies (numbered)
204th: 1/36
205th: 1/44
206th: 1/52
207th: 1/60
208th: 1/68
209th: 1/76
210th: 1/84
211th: 1/92
212th: 3A/6,7
213th: 3A/22,23
214th: 3A/30,31
215th: 3A/48,49
216th: 3A/56,57
217th: 3A/64,65
218th: 3A/74,75
219th: 3A/82,83
220th: 3A/90,91
221st: 3A/98,99
222nd: 3A/106,107
223rd: 3A/122,123
224th: 3A/130,131
225th: 3A/138,139
226th: 1/120
227th: 3B/4,5
228th: 3B/14,15
229th: 3B/24,25
230th: 3B/34,35
231st: 3B/44,45
232nd: 3B/54,55
233rd: 3B/65
234th: 3B/74,75
235th: 3B/84,85
236th: 3B/94,95
237th: 3B/102,103
238th: 3B/110,111
239th: 2A/38
240th: 2A/64
241st: 2A/72
242nd: 2A/80,81
243rd: 2A/88
244th: 2A/97
245th: 2A/104,105
246th: 2A/136
247th: 2A/144
248th: 2B/4
249th: 2B/12,13
250th: 2B/20
251st: 2B/36,37
252nd: 2B/44
253rd: 3B/121
254th: 2B/70
771st: 1/4
772nd: 1/12
773rd: 1/20
816th: 3A/114,115
817th: 3A/146,147
818th: 1/100
819th: 1/108
984th: 2A/112
985th: 2B/118

Divisional Mobile Ammunition Column, 42nd:
2A/37

Divisional Motor Machine Gun Battery, 11th:
3A/21

Divisional Signal Companies (numbered)
1st: 1/36
2nd: 1/44,112
3rd: 1/52
4th: 1/60
5th: 1/68
6th: 1/76
7th: 1/84
8th: 1/92
9th: 3A/6,7
10th: 3A/14,15
11th: 3A/22,23
12th: 3A/30,31
13th: 3A/38,39
14th: 3A/48,49
15th: 3A/56,57
16th: 3A/64,65
17th: 3A/74,75
18th: 3A/82,83
19th: 3A/90,91
20th: 3A/98,99
21st: 3A/106,107
22nd: 3A/114,115

23rd: 3A/122,123
24th: 3A/130,131
25th: 3A/138,139
26th: 3A/146,147
28th: 1/112
30th (original): 3B/133
30th: 3B/4,5
31st (original): 3B/134
31st: 3B/14,15
32nd (original): 3B/135
32nd: 3B/24,25
33rd (original): 3B/136
33rd: 3B/34,35
34th (original): 3B/137
34th: 3B/44,45
35th (original): 3B/138
35th: 3B/54,55
36th: 3B/64,65
37th: 3B/74,75
38th: 3B/84,85
39th: 3B/94,95
40th: 3B/102,103
41st: 3B/110,111
42nd: 2A/38
46th: 2A/64
47th: 2A/72
48th: 2A/80,81
49th: 2A/88
50th: 2A/96,97
51st: 2A/104,105
52nd: 2A/112
53rd: 2A/119,120,127
54th: 2A/128
55th: 2A/136
56th: 2A/144
57th: 2B/4
58th: 2B/12,13
59th: 2B/20
60th: 2B/28,29
61st: 2B/36,37
62nd: 2B/44
63rd: 2B/52
63rd (Royal Naval): 3B/121
64th: 2B/56,57
65th: 2B/62,63
66th: 2B/70
67th: 2B/78,79
68th: 2B/86,87
69th: 2B/94,95
71st: 2B/102
72nd: 2B/108
73rd: 2B/114,115
74th: 2B/118

75th: 2B/126

Divisional Trains Army Service Corps (numbered)
1st: 1/36
2nd: 1/44
3rd: 1/52
4th: 1/60
5th: 1/68
6th: 1/76
7th: 1/84
8th: 1/92
9th: 3A/6,7
10th: 3A/14,15,22
11th: 3A/22,23
12th: 3A/30,31
13th: 3A/38,39,129
14th: 3A/48,49
15th: 3A/56,57
16th: 3A/64,65
17th: 3A/74,75
18th: 3A/82,83
19th: 3A/90,91
20th: 3A/98,99
21st: 3A/106,107
22nd: 3A/114,115
23rd: 3A/122,123
24th: 3A/130,131
25th: 3A/138,139
26th: 3A/146,147
27th: 1/100
28th: 1/108,112
29th: 1/120
30th (original): 3B/133
30th: 3B/4,5
31st (original): 3B/134
31st: 3B/14,15
32nd (original): 3B/135
32nd: 3B/24,25
33rd (original): 3B/136
33rd: 3B/34,35
34th (original) 3B/137
34th: 3B/44,45
35th (original): 3B/138
35th: 3B/54,55
36th: 3B/64,65
37th: 3B/74,75
38th: 3B/84,85
39th: 3B/94,95
40th: 3B/102,103
41st: 3B/110,111
42nd: 2A/38
46th: 2A/64

47th: 2A/72
48th: 2A/80,81
49th: 2A/88
50th: 2A/96,97
51st: 2A/104,105
52nd: 2A/112
53rd: 2A/119,120
54th: 2A/127,128...2B/19
55th: 2A/136
56th: 2A/144
57th: 2B/4
58th: 2B/12,13
59th: 2B/20
60th: 2B/28,29
61st: 2B/36,37
62nd: 2B/44
63rd: 2B/52
63rd (Royal Naval): 3B/121
64th: 2B/56,57
65th: 2B/62,63
66th: 2B/70
67th: 2B/78,79
68th: 2B/86,87
69th: 2B/94,95
71st: 2B/102
72nd: 2B/108
73rd: 2B/114,115
74th: 2B/118
75th: 2B/126

Dogras, 38th: 3A/15

Dorset Regiment
1st: 1/68...3B/24,25
1/4th: 2A/44
2/4th: 2A/56...2B/126
5th: 3A/22,23
6th: 3A/74,75
7th: 3B/137
8th: 2B/114

Dorset Yeomanry
1/1st: 2A/12,13,32
2/1st: 2A/23,28

Dorsetshire Field Batteries
1/1st: 2A/44
2/1st: 2A/56

Dragoon Guards
2nd: 1/4
3rd: 1/20
4th: 1/4
5th: 1/4
6th: 1/4,12
7th: 1/20

Dragoons
1st: 1/20
2nd: 1/12
6th: 1/20...3B/64

Drake Battalion: 1/119...3B/120,121,148

Duke of Cambridge's Own Lancers:
See 17th Lancers

Duke of Cornwall's Light Infantry
1st: 1/68
2nd: 1/100
1/4th: 2A/44...2B/126
2/4th: 2A/56
1/5th: 2B/36,37
6th: 3A/48
7th: 3A/98,99
8th: 3A/146,147
9th: 3B/137
10th: 1/44...2B/70

Duke of Lancaster's Yeomanry
1/1st: 2A/38,120...2B/12,27...3A/48,122

Duke of Wellington's Regiment
2nd: 1/60,68
1/4th: 2A/88
2/4th: 2B/43,44
5th: 2B/44
1/5th: 2A/88
2/5th: 2B/43,44
1/6th: 2A/88
2/6th: 2B/43,44
1/7th: 2A/88
2/7th: 2B/43,44
8th: 3A/22
9th: 3A/74,75
10th: 3A/122,123
11th: 3B/133
13th: 2B/20

Dundee Field Batteries
1/1st 2A/104
2/1st: 2B/56

Dundee Field Company, 2/1st: 2B/102

Durham Field Batteries
1/1st: 2A/96
2/1st: 2B/52
1/2nd: 2A/96
2/2nd: 2B/52
1/3rd: 2A/96
2/3rd: 2B/52
1/4th: 2A/96
2/4th: 2B/52
1/5th: 2A/96

2/5th: 2B/52

Durham Field Companies
   1/1st: 1/60
   1/2nd: 1/68
   1/3rd: 1/84...2A/103

Durham Light Infantry
   2nd: 1/76
   1/5th: 2A/96,97...3B/97
   2/5th: 1/108...2B/52
   1/6th: 2A/96,97...3B/97
   2/6th: 2B/20,52,102
   1/7th: 1/91... 2A/95,96,97
   2/7th: 2B/52...2B/79,102
   1/8th: 2A/96,97...3B/97
   2/8th: 2B/52,102
   1/9th: 2A/96,97...2B/44
   2/9th: 2B/52
   10th: 3A/48
   11th: 3A/97,98,99
   12th: 3A/122,123
   13th: 3A/122,123,139
   14th: 1/76...3A/106
   15th: 3A/106,107
   16th: 3B/133
   17th: 3B/133
   18th: 3B/14,15
   19th: 3B/54,55
   20th: 3B/110,111
   22nd: 1/92
   29th: 3A/49
   51st: 2B/95,108
   52nd: 2B/95,114,115

Durham Light Infantry Brigade: 2A/96

E

East Anglian Divisions: See *54th and 69th Infantry Divisions*

East Anglian Field Ambulances
   1/1st: 2A/127
   2/1st: 2A/128...2B/93
   3/1st: 2B/94
   1/2nd: 2A/128
   2/2nd: 2B/94
   1/3rd: 2A/128
   2/3rd: 2B/94

East Anglian Field Companies
   1/1st: 1/44...2A/127
   2/1st: 2A/128...2B/93
   3/1st: 2B/94
   1/2nd: 2A/128
   2/2nd: 2B/94
   1/3rd: 2B/94

East Anglian Heavy Batteries
   1/1st: 2A/127...2B/93
   2/1st: 2B/93

East Anglian Mobile Veterinary Section, 1/1st: 2B/93

East Anglian Royal Field Artillery Brigades and Ammunition Columns
   1/1st: 2A/127...3B/33
   2/1st: 2B/94
   1/2nd: 2A/127...3B/33
   2/2nd: 2B/94
   1/3rd: 2A/127...3B/33
   2/3rd: 2B/94
   1/4th: 2A/127...3B/33
   2/4th: 2B/94

East Kent Regiment: See *Buffs East Kent Regiment*

East Lancashire Divisions: See *42nd and 66th Infantry Divisions*

East Lancashire Divisional Signal Company: 2A/38

East Lancashire Divisional Transport and Supply Column: 2A/38

East Lancashire Field Ambulances
   1/1st: 2A/38
   2/1st: 2B/70...3A/6
   1/2nd: 2A/38
   2/2nd: 2B/70
   1/3rd: 2A/38
   2/3rd: 2B/70

East Lancashire Field Companies
   1/1st: 2A/38
   2/1st: 2B/70
   1/2nd: 2A/38
   2/2nd: 2B/70
   1/3rd: 2A/38
   2/3rd: 2B/70

East Lancashire Infantry Brigade: 2A/38

East Lancashire Mobile Veterinary Section, 1/1st: 2B/70

East Lancashire Regiment
   1st: 1/60...2B/37...3B/45
   2nd: 1/92...3A/122
   4th: 2B/70...3B/97

1/4th: 2A/38
2/4th: 2B/70
1/5th: 2A/38
2/5th: 2B/70
6th: 3A/38,39
7th: 3A/90
8th: 3B/74
9th: 1/112...3A/114,115
10th: 3B/136
11th: 3B/14,15
13th: 3B/103

East Lancashire Royal Field Artillery Brigades and Ammunition Columns
1/1st: 2A/38
2/1st: 2B/70
1/2nd: 2A/38
2/2nd: 2B/70
1/3rd: 2A/38
2/3rd: 2B/70
1/4th: 2A/38
2/4th: 2B/70

East Riding Field Batteries
1/1st: 2A/96
2/1st: 2B/52
1/2nd: 2A/96
2/2nd: 2B/52
2/3rd: 2B/52

East Riding Field Company, 1/1st: 1/52

East Riding Yeomanry, 1/1st: 2A/32...2B/51

East Surrey Regiment
1st: 1/68
2nd: 1/108,112
1/5th: 2A/50
2/5th: 2B/78,79
1/6th: 2A/50
2/6th: 2B/78,79
7th: 3A/30
8th: 3A/82,83
9th: 3A/130,131
10th: 3B/135
11th: 3B/136
12th: 3B/110,111
13th: 3A/139...3B/47,94,96,102

East Yorkshire Regiment
1st: 1/76...3A/106,107
2nd: 1/108
1/4th: 2A/96,97...3B/97
2/4th: 2B/52
6th: 3A/22,23
7th: 3A/74,75
8th: 1/52...3A/106

9th: 3B/133
10th: 3B/14,15
11th: 3B/14,15
12th: 3B/14
13th: 3B/14

Eastern Divisions: *See 12th and 18th Infantry Divisions*

Eastern Field Ambulances
1/1st: 2A/4
2/1st: 2A/5

Eastern Mobile Veterinary Sections
1/1st: 2A/4
2/1st: 2A/5

Eastern Mounted Brigade Transport and Supply Columns
1/1st: 2A/4
2/1st: 2A/5

Eastern Mounted Brigades
1/1st: 2A/2,4
2/1st: 2A/2,5

Eastern Signal Troops
1/1st: 2A/4
2/1st: 2A/5

Edinburgh Field Batteries
2/1st: 2B/62
2/2nd: 2B/62

Edinburgh Field Company, 1/1st: 2A/144....2B/93

Employment Companies: *See Divisional Employment Companies (numbered)*

Entrenching Battalions
11th: 3A/50
13th: 3A/50
14th: 3A/50
19th: 3A/63

Essex Field Batteries
1/1st: 2A/128
2/1st: 2B/94
1/2nd: 2A/128
2/2nd: 2B/94
1/3rd: 2A/128
2/3rd: 2B/94

Essex Heavy Batteries: *See East Anglian*

Essex Regiment
1st: 1/120...3B/75
2nd: 1/60,112
1/4th: 2A/128
2/4th: 2B/94
1/5th: 2A/128

2/5th: 2B/94,95
1/6th: 2A/128
2/6th: 2B/94,95
1/7th: 2A/128
2/7th: 2B/79,94,95
1/8th: 2A/28...2B/113
2/8th: 2A/23,28
9th: 3A/30,31
10th: 3A/82,83
11th: 1/76...3A/130
12th: 3B/138
13th: 1/44...3B/34
15th: 2B/20
16th: 2B/102

Essex Royal Horse Artillery
1/1st: 2A/4

Essex Yeomanry
1/1st: 1/20...2A/4
2/1st: 2A/5,22,23,28

F

Field Ambulances (numbered)
1st: 1/36
1st (Royal Naval): 3B/120,121
2nd: 1/36
2nd (Royal Naval): 3B/120,121
3rd: 1/28,36
3rd (Royal Naval): 3B/120,121
4th: 1/28,44
5th: 1/44
6th: 1/44
7th: 1/52
8th: 1/52
9th: 1/28,52
10th: 1/60
11th: 1/60
12th: 1/60
13th: 1/68
14th: 1/68
15th: 1/68
16th: 1/76
17th: 1/76
18th: 1/76
19th: 1/44...3B/34,35
21st: 1/84
22nd: 1/84
23rd: 1/84
24th: 1/92
25th: 1/92
26th: 1/92

27th: 3A/6,7
28th: 3A/6,7
29th: 3A/6
30th: 3A/14,15
31st: 3A/14,15
32nd: 3A/14,15
33rd: 3A/22,23
34th: 3A/22,23
35th: 3A/22,23
36th: 3A/30,31
37th: 3A/30,31
38th: 3A/30,31
39th: 3A/38,39
40th: 3A/38,39
41st: 3A/38,39
42nd: 3A/48,49
43rd: 3A/48,49
44th: 3A/48,49
45th: 3A/56,57
46th: 3A/56,57
47th: 3A/56,57
48th: 3A/64...3B/74,75
49th: 3A/64...3B/74,75
50th: 3A/64...3B/74,75
51st: 3A/74,75
52nd: 3A/74,75
53rd: 3A/74,75
54th: 3A/82,83
55th: 3A/82,83
56th: 3A/82,83
57th: 3A/90,91
58th: 3A/90,91
59th: 3A/90,91
60th: 3A/98,99
61st: 3A/98,99
62nd: 3A/98,99
63rd: 3A/106,107
64th: 3A/106,107
65th: 3A/106,107
66th: 3A/114,115
67th: 3A/114,115
68th: 3A/114,115
69th: 3A/122,123
70th: 3A/122,123
71st: 3A/122,123
72nd: 3A/130,131
73rd: 3A/130,131
74th: 3A/130,131
75th: 3A/138,139
76th: 3A/138,139
77th: 3A/138,139
78th: 3A/146,147
79th: 3A/146,147

80th: 3A/146,147
81st: 1/100
82nd: 1/100
83rd: 1/100,112
84th: 1/108,112
85th: 1/108,112
86th: 1/108,112
87th: 1/120
88th: 1/120
89th: 1/120
90th: 3B/24,25,133
91st: 3B/24,25,133
92nd: 3B/24,25,133
93rd: 3B/14,15,134
94th: 3B/14,15,134
95th: 3B/14,15,134
96th: 3B/4,5,24,135
97th: 3B/4,5,24,135
98th: 3B/4,5,24,135
99th: 3B/34,35,136
100th: 1/44... 3B/34,136
101st: 3B/34,35,136
102nd: 3B/44,45,137
103rd: 3B/44,45,137
104th: 3B/44,45,137
105th: 3B/54,55,138
106th: 3B/54,55,138
107th: 3B/54,55,138
108th: 3B/64,65
109th: 3B/64,65
110th: 3B/64,65
110th (Indian): 1/112
111th: 3A/64,65
112th: 3A/64,65
113th: 3A/64,65
123rd (Indian): 2B/126
129th: 3B/84,85
130th: 3B/84,85
131st: 3B/84,85
132nd: 3B/94,95
133rd: 3B/94,95
134th: 3B/94,95
135th: 3B/102,103
136th: 3B/102,103
137th: 3B/102,103
138th: 3B/110,111
139th: 3B/110,111
140th: 3B/110,111
141st: 1/36
142nd: 1/52
143rd: 1/108,112
145th: 2B/126
146th: 2B/126
147th: 2B/126
148th: 3B/121
149th: 3B/121
150th: 3B/121
229th: 2B/118
230th: 2B/118
231st: 2B/118
301st: 2B/102
302nd: 2B/79,102
303rd: 2B/102
304th: 2B/108
305th: 2B/108
306th: 2B/108
307th: 2B/114,115
308th: 2B/114,115
309th: 2B/114,115
310th: 2B/57
311th: 2B/57
312th: 2B/57
313th: 2B/63
314th: 2B/63
315th: 2B/63
316th: 2B/79
317th: 2B/79
318th: 2B/79
319th: 2B/86,87
320th: 2B/86,87
321st: 2B/86,87
322nd: 2B/94,95
323rd: 2B/94,95
324th: 2B/94,95
336th: 2A/23
337th: 2A/23
338th: 2A/23
339th: 2A/23
421st: 2B/4
502nd: 2B/4
505th: 2B/4

Field Bakery, 10th: 3A/38,39

Field Butchery, 31st: 3A/38,39

Field Companies (numbered)
   1st (Royal Naval): 3B/120,121
   2nd: 1/92
   2nd (Royal Naval): 3B/120,121
   3rd (Royal Naval): 3B/120,121
   5th: 1/44
   7th: 1/60...2A/79,96,97
   9th: 1/60
   11th: 1/44...3B/34,35
   12th: 1/76,112
   15th: 1/92
   17th: 1/68,100

23rd: 1/36
26th: 1/36,112
38th: 1/76,108,112
54th: 1/84,112
55th: 1/28,84,112
56th: 1/52
57th: 1/52...2A/63,88
59th: 1/68
61st: 3A/48,49
62nd: 3A/48,49
63rd: 3A/6,7
64th: 3A/6,7
65th: 3A/14,15
66th: 2A/15...3A/14,15
67th: 3A/22,23
68th: 3A/22,23
69th: 3A/30,31
70th: 3A/30,31
71st: 3A/38,39
72nd: 1/112...3A/38,39
73rd: 3A/56,57
74th: 3A/56,57
75th: 1/28...3A/64
76th: 1/28...3A/64
77th: 3A/74,75
78th: 3A/74,75
79th: 3A/82,83
80th: 3A/82,83
81st: 3A/90,91
82nd: 3A/90,91
83rd: 3A/98,99
84th: 3A/98,99
85th: 3A/14,15,106
86th: 3A/22,23,106
87th: 3A/30,31,114
88th: 3A/38,39,114
89th: 3A/48,49,122
90th: 3A/6,7,122
91st: 3A/56,57,130
92nd: 3A/82,83,130
93rd: 3A/74,75,138
94th: 3A/90,91,138
95th: 1/84...3A/64,146
96th: 3A/98,99,146
97th: 3A/106,107...3B/133
98th: 3A/106,107...3B/133
99th: 1/112...3A/114,115...3B/134
100th: 1/112...3A/114,115...3B/134
101st: 3A/122,123...3B/135
102nd: 3A/122,123...3B/135
103rd: 3A/130,131...3B/136
104th: 3A/130,131...3B/136
105th: 3A/138,139...3B/137

106th: 3A/138,139...3B/137
107th: 3A/146,147...3B/138
108th: 3A/146,147...3B/138
121st: 3B/64,65
122nd: 3B/64,65
123rd: 3B/84,85
124th: 3B/84,85
126th: 3A/106,107
127th: 3A/114,115
128th: 3A/122,123
129th: 3A/130,131
130th: 3A/138,139
131st: 3A/146,147
150th: 3B/64,65
151st: 3B/84,85
152nd: 3B/74,75
153rd: 3B/74,75
154th: 3B/74,75
155th: 3A/64,65
156th: 3A/50,64,65
157th: 3A/50,64,65
200th: 3B/4,5
201st: 3B/4,5
202nd: 3B/4,5
203rd: 3B/54,55
204th: 3B/54,55
205th: 3B/54,55
206th: 3B/24,25
207th: 3B/44,45
208th: 3B/44,45
209th: 3B/44,45
210th: 3B/14,15
211th: 3B/14,15
212th: 3B/34,35
218th: 3B/24,25
219th: 3B/24,25
222nd: 3B/34,35
223rd: 3B/14,15
224th: 3B/102,103
225th: 3B/94,95
226th: 1/44...3B/34
227th: 3B/94,95
228th: 3B/110,111
229th: 3B/102,103
231st: 3B/102,103
233rd: 3B/110,111
234th: 3B/94,95
237th: 3B/110,111
247th: 3B/121
248th: 3B/121
249th: 3B/121
400th: 2A/104,105
401st: 2A/104,105

402nd: 2B/57
403rd: 2B/57
404th: 2A/104,105
405th: 2B/57
406th: 1/60
409th: 1/36
410th: 2A/112
411th: 2B/63
412th: 2A/112
413th: 2A/112
414th: 2B/63
415th: 2B/63
416th: 2A/144
419th: 2A/136
421st: 2B/4
422nd: 2A/136
423rd: 2A/136
427th: 2A/38
428th: 2A/38
429th: 2A/38
430th: 2B/70
431st: 2B/70
432nd: 2B/70
436th: 2A/120
437th: 2A/120
438th: 1/52
439th: 2A/120...2B/118
440th: 2B/86,87
441st: 2B/86,87
442nd: 2B/86,87
446th: 2A/97
447th: 2A/97
449th: 1/108,112
455th: 1/120
456th: 2A/88
457th: 2B/44
458th: 2A/88
459th: 1/76
460th: 2B/44
461st: 2B/44
465th: 2A/64
466th: 2A/64
467th: 2B/20
468th: 2A/64
469th: 2B/20
470th: 2B/20
474th: 2A/80,81
475th: 2A/80,81
476th: 2B/36,37
477th: 2A/80,81
478th: 2B/36,37
479th: 2B/36,37
483rd: 1/44
484th: 2A/128
485th: 2B/94,95
486th: 2A/128
487th: 2B/94,95
488th: 2B/94,95
490th: 1/92
491st: 1/68
492nd: 2B/78,79,102
493rd: 2B/78,79
494th: 2B/78,79
495th: 2A/128...2B/126
496th: 2B/120,126
497th: 1/120
500th: 1/100
501st: 1/100
502nd: 2B/4
503rd: 2B/12,13
504th: 2B/12,13
505th: 2B/4
506th: 1/108,112
509th: 1/76
510th: 1/120
511th: 2B/12,13
512th: 2A/144
513th: 2A/144
517th: 2A/72
518th: 2A/72
519th: 2B/28,29
520th: 2A/72
521st: 2B/28,29
522nd: 2B/28,29
526th: 1/60
527th: 1/68
528th: 1/84
529th: 1/52
546th: 2B/111,114,115
547th: 2B/111,114,115
548th: 2B/102
549th: 2B/102
550th: 2B/108
551st: 2B/108
645th: 2B/79,102
647th: 2B/108
648th: 2B/111,114,115

Field Squadrons
1st: 1/4
2nd: 1/12
3rd: 1/20
6th: 2A/32

Fife and Forfar Yeomanry
1/1st: 2A/13
2/1st: 2A/5,22

Fifeshire Field Batteries
 1/1st 2A/104
 2/1st: 2B/56

Fifeshire Heavy Batteries: See Highland

Finsbury Rifles: See 11th London Regiment

First Surrey Rifles: See 21st London Regiment

Fleming's Force: 2A/103

Forfarshire Field Batteries
 1/1st: 2A/104
 2/1st: 2B/56

Fort Garry Horse: 1/20

Fortress Companies
 24th: 1/114
 133rd: 3A/13

G

Garhwal Rifles, 39th: 1/112

Gater's Force: 3A/105

Glamorgan Field Batteries
 1/1st: 2A/120
 2/1st: 2B/86
 1/2nd: 2A/120
 2/2nd: 2B/86
 1/3rd: 2A/120
 2/3rd: 2B/86
 1/4th: 2A/120
 2/4th: 2B/86

Glamorgan Field Companies
 1/1st: 2B/86
 2/1st: 2B/86
 3/1st: 2B/108
 2/2nd: 2B/108

Glamorgan Royal Horse Artillery
 1/1st: 2A/4...2B/11
 2/1st: 2A/4

Glamorgan Yeomanry
 1/1st: 2A/4
 2/1st: 2A/4,5

Glasgow Field Batteries
 2/1st: 2B/62
 2/2nd: 2B/62
 2/3rd: 2B/62
 1/4tht: 2A/112
 2/4th: 2B/62
 1/5th: 2A/112
 2/5th: 2B/62

Glasgow Highlands: See 9th Highland Light Infantry

Gloucester and Worcester Infantry Brigades
 1/1st: 2A/80
 2/1st: 2B/36

Gloucestershire Brigade: See 1st South Midland Royal Field Artillery

Gloucestershire Field Batteries
 1/1st: 2A/80
 2/1st: 2B/36
 1/2nd: 2A/80
 2/2nd: 2B/36
 1/3rd: 2A/80
 2/3rd: 2B/36

Gloucestershire Regiment
 1st: 1/36
 2nd: 1/100
 1/4th: 2A/80,81
 2/4th: 2B/36
 1/5th: 2A/80...3A/139
 2/5th: 2B/36,37
 1/6th: 2A/80,81
 2/6th: 2B/36
 7th: 3A/38,39,41
 8th: 3A/90,91
 9th: 2B/70...3A/146
 10th: 1/36
 11th: 3B/138
 12th: 1/68...3B/24
 13th: 2B/72...3B/94,95
 14th: 3B/54
 18th: 3A/65

Gordon Highlanders
 1st: 1/52,112
 2nd: 1/84
 1/4th: 1/52...2A/103,104,105
 2/4th: 2B/56
 1/5th: 2A/104...2B/37...3A/57
 2/5th: 2B/56,57
 1/6th: 1/84...2A/103,104
 2/6th: 2B/56
 6th/7th: 2A/105
 1/7th: 2A/104
 2/7th: 2B/56,57
 8th: 3A/6
 8th/10th: 3A/56...3B/97
 9th: 3A/56,57
 10th: 3A/56
 51st: 2B/57
 52nd: 2B/79

Graduated Battalions
    201st: 2B/57
    202nd: 2B/57
    205th: 2B/57
    206th: 2B/57
    209th: 2B/57
    210th: 2B.57
    213th: 2B/63
    217th: 2B/63
    221st: 2B/63
    225th: 2B/87
    226th: 2B/87
    229th: 2B/87
    230th: 2B/87
    233rd: 2B/87
    234th: 2B/87
    237th: 2B/95
    238th: 2B/95
    241st: 2B/95
    242nd: 2B/95
    245th: 2B/95
    246th: 2B/95
    249th: 2B/102
    250th: 2B/102
    252nd: 2B/102
    253rd: 2B/102
    255th: 2B/102
    256th: 2B/102
    258th: 2B/108
    259th: 2B/108
    261st: 2B/108
    262nd: 2B/108
    264th: 2B/108
    265th: 2B/108
    267th: 2B/114
    270th: 2B/114
    273rd: 2B/114
    274th: 2B/114
    276th: 2B/79
    277th: 2B/79
    278th: 2B/79
    280th: 2B/77
    281st: 2B/79
    282nd: 2B/79
    284th: 2B/79
    285th: 2B/77
    286th: 2B/79

Graves Registration Unit: 1/113

Greek Archipelago Regiment, 2/4th: 1/112

Green Howards: See Yorkshire Regiment

Grenadier Guards
    1st: 1/28,84
    2nd: 1/28,44
    3rd: 1/28
    4th: 1/28...3B/15

Grenadiers (Indian Army)
    1/101st: 3A/15
    2/101st: 3A/15

Guards Division: 1/25-31

Guards Divisional Ambulance Workshop: 1/27

Guards Divisional Ammunition Column: 1/28

Guards Divisional Employment Company: 1/28

Guards Divisional Signal Company: 1/28

Guards Divisional Train: 1/28

Guards Machine Gun Regiment, 4th: 1/28

Guides, 2nd: 2B/29

Gurkha Rifles
    2/3rd: 2B/126
    3/3rd: 2B/126
    1/4th: 2A/15
    2/4th: 1/112
    4/11th: 2A/120

H

Hampshire Field Batteries
    1/1st: 2A/44
    2/1st: 2A/56
    1/2nd: 2A/44
    2/2nd: 2A/56
    1/3rd: 2A/44
    2/3rd: 2A/56
    1/4th: 2A/44
    2/4th: 2A/56
    1/5th: 2A/44
    2/5th: 2A/56
    1/6th: 2A/44
    2/6th: 2A/56

Hampshire Field Companies
    1/7th: 1/108

Hampshire Heavy Batteries: See Wessex

Hampshire Infantry Brigades
    1/1st: 2A/43,44
    2/1st: 2A/55,56

Hampshire Regiment
    1st: 1/60,112

2nd: 1/120
1/4th: 2A/44,46
2/4th: 2A/56...2B/44,126
1/5th: 2A/44,45
2/5th: 2A/56...2B/126
1/6th: 2A/44
2/6th: 2A/56
1/7th: 2A/44,45
2/7th: 2A/56...3A/37
1/8th: 2A/128
1/9th: 2A/46
10th: 1/100,112...3A/14,113
11th: 3A/64,65
12th: 3A/146,147
13th: 3B/135
14th: 3B/94
15th: 3B/110,111
18th: 2B/102
51st: 2B/79
52nd: 2B/79

Hampshire Royal Horse Artillery, 1/1st: 2A/32

Hampshire Yeomanry
1/1st: 2B/12,27,35,36
2/1st: 2A/28

Harman's Detachment: 1/19

Hawke Battalion: 3B/120,121

Headlam's Force: 3A/105

Heavy Artillery Group, 23rd (XXIII): 3B/3

Heavy Batteries and Ammunition Columns (numbered)
1st: 1/114
2nd: 1/114
3rd: 1/114
4th: 1/114
9th: 3A/5
10th: 3A/13,21
11th: 3A/21...3B/3
12th: 3A/29
13th: 3A/37
14th: 3A/47
15th: 3A/13,55
16th: 3A/63
17th: 3A/73
18th: 3A/81
19th: 3A/89
20th: 3A/97
21st: 3A/105
22nd: 3A/113
23rd: 3A/121
24th: 1/76
24th (New): 3A/129
25th: 3A/137
26th: 1/36,43
30th: 3B/133
31st: 1/60
31st (New): 3B/134
32nd: 3B/135
33rd: 3B/136
34th: 3B/137
35th (New): 3B/138
35th: 1/44
36th: 3B/63
37th: 3B/73
38th: 3B/83
48th: 1/52
71st: 3/Corrigenda page 2
72nd: 3A/37
90th: 1/120
91st: 3A/21,37
2/104th: 3A/37
108th: 1/68
111th: 1/84
112th: 1/84
117th: 2A/4
118th: 1/92
119th: 1/92
121st: 3/Corrigenda page 2
124th: 3B/13
125th: 3B/3
126th: 3B/33
130th: 2B/77...3B/43
131st: 3A/145...3B/53
133rd: 3B/23
137th: 3A/47
138th: 3A/47
157th: 3A/37
177th: 3A/37

Heavy Brigades
1st (I): 1/114
3rd (III): 1/84
8th (VIII): 1/92
9th (IX): 3/Corrigenda page 2

Herefordshire Regiment
1/1st: 2A/120...3B/45
2/1st: 2B/86

Hertfordshire Field Batteries
1/1st: 2A/128
2/1st: 2B/94
1/2nd: 2A/128
2/2nd: 2B/94

Hertfordshire Regiment
1/1st: 1/44...2A/127...3B/75,94,95

    2/1st: 2B/94
    4/1st: 2B/94

Hertfordshire Yeomanry
    1/1st: 2A/12,13,128...3A/22,38,39
    2/1st: 2A/22,23,28...2B/79,94,102

Highland Divisions: *See 51st and 64th Infantry Divisions*

Highland Field Ambulances
    1/1st: 2A/13,103
    2/1st: 2A/104,105...2B/58
    3/1st: 2B/56
    1/2nd: 2A/104,105
    2/2nd: 2B/56
    1/3rd: 2A/104,105
    2.3rd: 2B/56

Highland Field Companies
    1/1st: 2A/104
    2/1st: 2B/56
    1/2nd: 1/84...2A/103,104
    2/2nd: 2A/104...2B/58
    1/3rd: 2B/56
    3/2nd: 2B/56

Highland Heavy Batteries
    1/1st: 2A/103
    2/1st: 2B/58

Highland Light Infantry
    2nd: 1/44,112
    1/5th: 2A/112
    2/5th: 2B/62,63
    1/6th: 2A/112
    2/6th: 2B/62,63
    1/7th: 2A/112
    2/7th: 2B/62,63
    1/9th: 1/44...2A/111...3B/34,35
    2/9th: 2B/62,63
    10th: 3A/6,49
    10th/11th: 3A/56...3B/47,102
    11th: 3A/6
    12th: 3A/56...3B/55
    13th: 3B/135
    14th: 2B/72...3B/47,96,102,136
    15th: 3B/24,25
    16th: 3B/23,24,25
    17th: 3B/24
    18th: 3B/54,55
    51st: 2B/57
    52nd: 2B/57

Highland Mobile Veterinary Section, 3/1st: 2A/32,104,105

Highland Mountain Brigade, 4th (IV):
    1/107,120...2A/103...3A/21,145

Highland Mounted Brigade, 1st: 2A/10,13

Highland Royal Field Artillery Brigades and Ammunitions Columns
    1/1st: 2A/104
    2/1st: 2B/56
    1/2nd: 2A/104
    2/2nd: 2B/56
    1/3rd: 2A/104
    2/3rd: 2B/56

Highland Sanitary Section, 2/1st: 2B/58

Home Counties Divisions: *See 44th and 67th Infantry Divisions*

Home Counties Divisional Signal Company: 1/108...2A/50

Home Counties Divisional Transport and Supply Column: 2A/50

Home Counties Field Ambulances
    1/1st: 2A/50
    2/1st: 2B/12,13,78
    3/1st: 2B/78,79
    1/2nd: 2A/50
    2/2nd: 2B/12,13,78
    3/2nd: 2B/78,79
    1/3rd: 2A/50
    2/3rd: 2B/12,13,78
    3/3rd: 2B/78,79

Home Counties Field Companies
    1/1st: 1/92...2A/50
    2/1st: 2B/78
    1/2nd: 1/68...2A/50
    2/2nd: 2B/78
    1/3rd: 2B/78

Home Counties Heavy Batteries and Ammunition Columns
    1/1st: 2A/50...2B/77
    2/1st: 2B/77

Home Counties Royal Field Artillery Brigades and Ammunition Columns
    1/1st: 2A/50
    2/1st: 2B/78
    1/2nd: 2A/50
    2/2nd: 2B/78
    1/3rd: 2A/50
    2/3rd: 2B/78
    1/4th: 2A/50...2B/19,78...3B/120

Hong Kong and Singapore Mountain Battery: 2B/120...3A/13

Honourable Artillery Company
   1/A Battery: 2A/12,13
   2/A Battery: 2A/22,23
   1/B Battery: 2A/12,13
   1/1st: 1/52...3B/121
   2/1st: 1/84

Hood Battalion: 3B/120,121,148

Household Battalion: 1/60

Household Cavalry Composite Regiment: 1/4

Household Cavalry Cyclist Company: 1/28

Household Cavalry Divisional Squadron: 1/28

Howe Battalion: 3B/120,121,148

Hussars
   3rd: 1/4,12,112
   4th: 1/4,12
   8th: 1/4
   10th: 1/20
   11th: 1/4
   15th: 1/4,36,44,52
   18th: 1/4
   19th: 1/4,60,68,76
   20th: 1/12,112

I

Indian Base Depot: 1/113

Indian Infantry
   17th: 2A/120
   2/97th: 2B/29
   2/151st: 3A/15
   3/151st: 2B/29
   1/152nd: 2B/126
   2/152nd: 2B/29
   3/152nd: 2A/120
   1/153rd: 2A/120
   2/153rd: 2A/120
   3/153rd: 2A/120
   2/154th: 2B/126
   3/154th: 2A/120
   2/155th: 3A/15

Infantry Brigades (numbered)
   1st: 1/34,36
   1st (Guards): 1/26,28,34,36,114
   2nd: 1/34,36
   2nd (Guards): 1/26,28
   3rd: 1/34,36
   3rd (Guards): 1/26,28
   4th (Guards): 1/27,42,43,44...3B/12,15
   5th: 1/42,44
   6th: 1/42,44
   7th: 1/50,52...3A/136,138,139
   8th: 1/50,52
   9th: 1/50,51,52
   10th: 1/58,60
   11th: 1/58,60
   12th: 1/58,60...3B/62,63
   13th: 1/66,67,68
   14th: 1/66,68...3B/22,24,25
   15th: 1/66,67,68
   16th: 1/74,76
   17th: 1/74,76...3A/128,130,131
   18th: 1/74,76
   19th: 1/42,44,75,99...3B/32,34,35
   20th: 1/82,84
   21st: 1/82,84...3B/2,4,5
   22nd: 1/82,84
   23rd: 1/90,92
   24th: 1/90,92...3A/120,122
   25th: 1/90,92
   26th: 3A/4,6,7
   27th: 3A/4,6,7
   28th: 3A/4,6,7
   29th: 3A/12,14,15
   29th (Indian): 1/119
   30th: 3A/12,14,15
   31st: 3A/12/14/15
   32nd: 3A/20,22,23
   33rd: 3A/20,22,23
   34th: 3A/20,22,23
   35th: 3A/28,30,31
   36th: 3A/28,30,31
   37th: 3A/28,30,31
   38th: 3A/36,38,39
   39th: 3A/36,38,39,41
   40th: 3A/36,38,39
   41st: 3A/46,48,49
   42nd: 3A/46,48,49
   43rd: 3A/46,48,49
   44th: 3A/54,56,57
   45th: 3A/54,56,57
   46th: 3A/54,56,57
   47th: 3A/62,64,65
   48th: 3A/62,64,65
   49th: 3A/62,64,65
   50th: 3A/72,74,75
   51st: 3A/72,74,75
   52nd: 3A/72,74,75
   53rd: 3A/80,82,83
   54th: 3A/80,82,83
   55th: 3A/80,82,83
   56th: 3A/88,90,91

57th: 3A/88,90,91
58th: 3A/88,90,91
59th: 3A/96,98,99
60th: 3A/96,98,99
61st: 3A/96,98,99
62nd: 3A/104,106,107
63rd: 3A/104,106...3B/72,74,75
64th: 3A/104,106,107
65th: 3A/112,114,115
66th: 3A/112,114,115
67th: 3A/112,114,115
68th: 3A/120,122,123
69th: 3A/120,122,123
70th: 1/90,92...3A/120,122,123
71st: 1/74,76...3A/128,130
72nd: 3A/128,130,131
73rd: 3A/128,130,131
74th: 3A/136,138,139
75th: 3A/136,138,139
76th: 1/50,52...3A/136,138
77th: 3A/144,146,147
78th: 3A/144,146,147
79th: 3A/144,146,147
80th: 1/98,100
81st: 1/98,100
82nd: 1/98,100
83rd: 1/66,106,107,108,112
84th: 1/66,106,107,108,112,114
85th: 1/50,51,106,107,108,112
86th: 1/118,120
87th: 1/118,120
88th: 1/118,120
89th (original): 3B/133
89th: 3B/2,4,5
90th (original): 3B/133
90th: 3B/2/4,5
91st (original): 3B/133
91st: 1/82,84...3B/2,4
92nd (original): 3B/134
92nd: 3B/12,14,15
93rd (original): 3B/134
93rd: 3B/12,14,15
94th (original): 3B/134
94th: 3B/12,13,14,15
95th (original): 3B/135
95th: 1/66,68...3B/22,24
96th (original): 3B/135
96th: 3B/22,24,25
97th (original): 3B/135
97th: 3B/22,24,25
98th (original): 3B/136
98th: 3B/32,34,35
99th (original): 3B/136

99th: 1/42,44...3B/32,34
100th (original): 3B/136
100th: 3B/32,34,35
101st (original): 3B/137
101st: 3B/42,44,45
102nd (original): 3B/137
102nd: 3B/42,43,44,45,72,73
103rd (original): 3B/137
103rd: 3B/42,43,44,45,72,73
104th (original): 3B/138
104th: 3B/52,54,55
105th (original): 3B/138
105th: 3B/52,54,55
106th (original): 3B/138
106th: 3B/52,54,55
107th: 1/58...3B/62,63,64,65
108th: 3B/62,64,65
109th: 3B/62,64,65
110th: 3A/104,106,107...3B/72,74
111th: 3B/42,43...3B/72,73,74,75
112th: 3B/42,43...3B/72,73,74,75
113th: 3B/82,84,85
114th: 3B/82,84,85
115th: 3B/82,84,85
116th: 3B/92,94,95,97
117th: 3B/92,94,95,97
118th: 3B/92,94,95,97
119th: 3B/101,102,103
120th: 3B/101,102,103
121st: 3B/101,102,103
122nd: 3B/109,110,111
123rd: 3B/109,110,111
124th: 3B/109,110,111
125th: 1/119...2A/36,37,38
126th: 2A/36,38
127th: 2A/36,38
128th: 2A/44,45
129th: 2A/44
130th: 2A/44
131st: 2A/50
132nd: 2A/50
133th: 2A/50
134th: 2A/56
135th: 2A/56
136th: 2A/56
137th: 2A/62,64
138th: 2A/62,64
139th: 2A/62,64
140th: 2A/70,72
141st: 2A/70,72
142nd: 2A/70,72
143rd: 2A/78,80,81
144th: 2A/78,80,81

145th: 2A/78,80,81
146th: 2A/86,88
147th: 2A/86,88
148th: 2A/86,88
149th: 2A/94,96,97
150th: 2A/94,96,97
151st: 2A/94,96,97
152nd: 2A/102,104,105
153rd: 2A/102,104,105
154th: 2A/102,104,105
155th: 2A/110,112
156th: 2A/110,112
157th: 2A/110,112
158th: 2A/15,118,119,120
159th: 2A/15,118,119,120
160th: 2A/118,120
161st: 2A/126,128
162nd: 2A/126,128
163rd: 2A/126,128
164th: 2A/134,136
165th: 2A/134,136
166th: 2A/134,136
167th: 2A/142,144
168th: 2A/142,144
169th: 2A/142,144
170th: 2B/2,4
171st: 2B/2,4
172nd: 2B/2,4
173rd: 2B/10,12,13
174th: 2B/10,12,13
175th: 2B/10,12,13
176th: 2B/18,20
177th: 2B/18,20
178th: 2B/18,20
179th: 2B/26,28,29
180th: 2B/26,28,29
181st: 2B/26,28,29
182nd: 2B/34,36,37
183rd: 2B/34,36,37
184th: 2B/34,36,37
185th: 2B/42,44
186th: 2B/42,44
187th: 2B/42,44
188th: 2B/50,52...3B/118,121
189th: 2B/50,52...3B/118,121
190th: 2B/5052...3B/119,121
191st: 2B/55,56,57
192nd: 2B/55,56,57
193rd: 2B/55,56,57
194th: 2B/61,62,63
195th: 2B/61,62,63
196th: 2B/61,62,63
197th: 2B/68,70...3B/92
198th: 2B/68,70
199th: 2B/68,70
200th: 2B.76,78,79
201st: 2B.76,78,79
202nd: 2B.76,78,79
203rd: 2B/84,86,87
204th: 2B/84,86,87
205th: 2B/84,86,87
206th: 2B/92,94,95
207th: 2B/92,94,95
208th: 2B/92,94,95
209th: 2B/99
210th: 2B/99
211th: 2B/99
212th: 2B/101,102
213th: 2B/101,102
214th: 2B/76,79,101,102
215th: 2B/107,108
216th: 2B/107,108
217th: 2B/107,108
218th: 2B/112,114
219th: 2B/112,114
220th: 2B/112,114
228th: 1/107,108
229th: 2B/117,118
230th: 2B/117,118
231st: 2B/117,118
232nd: 2B/124,126
233rd: 2B/124,126
234th: 2B/124,126
242nd: 1/112,113

Infantry Divisions (numbered)
1st: 1/33-39
2nd: 1/41-47
3rd: 1/49-55
4th: 1/57-63
5th: 1/65-71
6th: 1/73-79
7th: 1/81-87
8th: 1/89-95
9th: 3A/3-9
10th: 3A/11-18,157
11th: 3A/19-25,158
12th: 3A/27-33
13th: 3A/35-44,159
14th: 3A/45-52,63,156
15th: 3A/53-60
16th: 3A/61-69
17th: 3A/71-77
18th: 3A/79-85
19th: 3A/87-93
20th: 3A/95-101

21st: 3A/103-109
22nd: 3A/111-117
23rd: 3A/119-125,157
24th: 3A/127-133
25th: 2A/95...3A/135-142
26th: 3A/143-149,158,159
27th: 1/97-103
28th: 1/105-116
29th: 1/117-124
30th (original): 3B/133,140
30th: 3B/1-9,140
31st (original): 3B/134,140
31st: 3B/11-19,140
32nd (original): 3B/135,140
32nd: 3B/21-29,140
33rd (original): 3B/136,140
33rd: 3B/31-39,141
34th (original): 3B/137,140
34th: 3B/41-50,141
35th (original): 3B/138,140
35th: 3B/51-59,141
36th: 3B/61-69,140
37th (original): 3B/140
37th: 3B/71-79,141
38th (original): 3B/140
38th: 3B/81-89,141
39th (original): 3B/140
39th: 3B/91-100,141
40th (original): 3B/141
40th: 3B/101-108,141
41st (original): 3B/141
41st: 3B/109-115,141
42nd (original): 3B/141
42nd: 2A/35-41
43rd (original): 3B/141
43rd: 2A/43-48
44th (original): 3B/141
44th: 2A/49-54
45th: 2A/55-60
46th: 2A/61-67
47th: 2A/69-75
48th: 2A/77-83
49th: 2A/85-91
50th: 2A/93-100
51st: 2A/101-107
52nd: 2A/109-115,152
53rd: 2A/117-123,153
54th: 2A/125-131...2B/93...3A/63
55th: 2A/133-139
56th: 2A/141-147...3A/63
57th: 2B/1-7,140
58th: 2B/9-15,140
59th: 2B/17-23
60th: 2B/25-32,141
61st: 2B/33-39
62nd: 2B/41-48
63rd: 2B/49-54
63rd (Royal Naval): 3B/117-128
64th: 2B/55-59
65th: 2B/61-65
66th: 2B/67-74
67th: 2B/75-82
68th: 2B/83-90
69th: 2B/91-98,142
70th: 2B/99
71st: 2B/101-105
72nd: 2B/107-110
73rd: 2B/111-116,142
74th: 2B/117-122
75th: 2B/123-130

Infantry Works Company, 6th: 2A/5

Inniskilling Dragoons: See *6th Dragoons*

Inverness-sire Royal Horse Artillery
1/1st: 2A/24
2/1st: 2A/24

Irish Divisions: See *10th and 16th Infantry Divisions*

Irish Guards
1st: 1/28,44,112
2nd: 1/28...3B/15

Isle of Wight Rifles: See *8th Hampshire Regiment*

J

Jats, 1/10th: 3A/113

K

Kashmir Rifles
1st: 3A/15
3rd: 2B/126

Kent Cyclist Battalion
1/1st: 2B/3
2/1st: 2A/23,28...2B/77

Kent Field Batteries
1/1st: 2A/50
2/1st: 2B/78
1/2nd: 2A/50
2/2nd: 2B/78
1/3rd: 2A/50

2/3rd: 2B/78
1/4th: 2A/50...2B/78...3B/120
1/5th: 2A/50...2B/78...3B/120

Kent Field Companies
1st: 2A/13,128
2nd: 2A/13
3rd: 1/120...2A/111
1/6th: 2B/114
1/7th: 2B/114

Kent Heavy Batteries: See Home Counties

Kent Infantry Brigade: 2A/49,50

King Edward's Horse
1st: 2A/72...2A/80,135...2B/3...3A/30
2nd: 2A/4,144

King's Hussars: See 15th Hussars

King's Liverpool Regiment
1st: 1/44
2nd (Garrison): 1/108,112
4th: 2A/63...3A/89...3B/34,35
1/5th: 1/44,136
2/5th: 2B/4
1/6th: 1/68...2A/136
2/6th: 2B/4
1/7th: 1/43,44,83...2A/136
2/7th: 2B/4
1/8th: 2A/104,136...2B/4
2/8th: 2B/4
1/9th: 1/36...2A/136...2B/4
2/9th: 2B/4
1/10th: 1/52...2A/136
2/10th: 2A/135...2B/4...3A/67...3B/47,97
11th: 3A/48
12th: 3A/98,99
13th: 1/52...3A/138
14th: 2B/72...3A/114
15th: 3B/138
16th: 3B/138
17th: 2B/72...3A/139...3B/4,5
18th: 2B/70...3B/4,5
19th: 2B/72...3B/4,5
20th: 3B/4
25th: 2B/20
26th: 2B/114,115
51st: 2B/63,87
52nd: 2B/87

King's Overseas Dominions Regiment: See King Edward's Horse

King's Own Hussars: See 3rd Hussars

King's Own Royal Lancaster Regiment
1st: 1/60
2nd: 1/108
1/4th: 2A/104,136
2/4th: 2B/3
1/5th: 1/35,108,136
2/5th: 2B/4
6th: 3A/38,39
7th: 3A/90
8th: 1/52...3A/138
9th: 1/112...3A/114,115
10th: 3B/136
11th: 3B/102
12th: 2B/114,115

King's Own Royal Regiment: See Norfolk Yeomanry

King's Own Scottish Borderers
1st: 1/112,120
2nd: 1/68
1/4th: 2A/112
2/4th: 2B/62
1/5th: 2A/112...3B/45
2/5th: 2B/62,63
6th: 3A/6,7
7th: 3A/56
7th/8th: 3A/56,57
8th: 3A/56
9th: 3B/137
10th: 3B/103

King's Own Yorkshire Light Infantry
1st: 1/108...2A/97
2nd: 1/68...3B/24,25
1/4th: 2A/88
2/4th: 2B/43,44
5th: 2B/44
1/5th: 2A/88
2/5th: 2B/43,44
6th: 3A/48
7th: 3A/98
8th: 1/92...3A/122,123
9th: 3A/106,107
10th: 3A/106
11th: 3B/133
12th: 3B/13,14,15
14th: 2B/108
15th: 3B/103
51st: 2B/95,108
52nd: 2B/95,114,115

King's Royal Irish Hussars: See 8th Hussars

King's Royal Rifle Corps
1st: 1/44
2nd: 1/36
3rd: 1/100

4th: 1/100...2A/97
7th: 3A/48,67
8th: 3A/48...3B/47,97
9th: 3A/48...3B/47,97
10th: 3A/98
11th: 3A/98,99
12th: 3A/98,99
13th: 3B/74,75
14th: 3B/134
15th: 3B/134
16th: 3B/34.35
17th: 2B/72...3B/94,95
18th: 3B/110,111
20th: 1/52
21st: 3B/110,111
25th: 2B/20
51st: 2B/79
52nd: 2B/79

King's Shropshire Light Infantry
1st: 1/76
2nd: 1/100
1/4th: 2A/50...3A/90,91...3B/124
2/4th: 2B/86,87
5th: 3A/48
6th: 3A/98,99
7th: 1/52...3A/138
8th: 3A/114,115
9th: 3B/138
10th: 2B/118

Kirkcudbrightshire Field Batteries
1/1st: 2A/112
2/1st: 2B/62

Kumaon Rifles, 1/50th: 1/112...2B/29

L

Labour Companies
63rd: 3A/50
79th: 3A/50
159th: 3A/50
712th: 3A/50
725th: 3A/50
733rd: 3A/50

Lancashire Field Batteries
1/1st: 2A/136
2/1st: 2B/4
1/2nd: 2A/136
2/2nd: 2B/4
1/3rd: 2A/136
2/3rd: 2B/4

1/4th: 2A/38
2/4th: 2B/70
1/5th: 1/119...2A/38
2/5th: 2B/70
1/6th: 1/119...2A/38
2/6th: 2B/70
1/7th: 2A/136
2/7th: 2B/4
1/8th: 2A/136
2/8th: 2B/4
1/9th: 2A/136
2/9th: 2B/4
1/10th: 2A/136
2/10th: 2B/4
1/11th: 2A/136
2/11th: 2B/4
1/12th: 2A/136
2/12: 2B/4
1/13th: 2A/136
2/13th: 2B/4
1/14th: 2A/136
2/14th: 2B/4
1/15th: 2A/38
2/15th: 2B/70
1/16th: 2A/38
2/16th: 2B/70
1/17th: 2A/38
2/17th: 2B/70
1/18th: 2A/38
2/18th: 2B/70
1/19th: 2A/38
2/19th: 2B/70
1/20th: 2A/38
2/20th: 2B/70

Lancashire Field Companies
2/3rd: 2B/102

Lancashire Fusiliers
1st: 1/120...3B/148
2nd: 1/60
1/5th: 2A/38
2/5th: 2A/104,135,136...2B/69
3/5th: 2B/70
6th: 2B/70
1/6th: 2A/38
2/6th: 2B/70
1/7th: 2A/38
2/7th: 2B/70...3A/139
1/8th: 2A/38
2/8th: 2B/70
9th: 3A/22
10th: 3A/74,75
11th: 3A/137,138

12th: 2B/72...3A/114
15th: 3B/24,25
16th: 3B/24,25
17th: 3B/54,55
18th: 3B/54,55
19th: 2A/87,88...3B/24
20th: 3B/54
23rd: 3B/103

Lancashire Fusiliers Infantry Brigade: 2A/38

Lancashire Heavy Batteries
1/1st: 2A/135...2B/3
2/1st: 2B/3,69
1/2nd: 2A/37...2B/69
2/2nd: 2A/23...2B/69,77

Lancashire Hussars Yeomanry, 1/1st:
2A/136...2B/3...3B/4,14,54

Lancers
5th: 1/4,12
9th: 1/4
12th: 1/12
16th: 1/4,12
17th: 1/20

Leeds Rifles: *See 7th and 8th West Yorkshire Regiment*

Leicestershire Regiment
1st: 1/76
1/4th: 2A/64
2/4th: 2B/20...3A/67
1/5th: 2A/64
2/5th: 2B/20
6th: 3A/106,107...3B/74
7th: 3A/106,107...3B/74
8th: 3A/106,121,139...3B/74
9th: 3A/106,121...3B/74
10th: 3B/135
11th: 1/76
14th: 3A/65
51st: 2B/95,108
52nd: 2B/95,114,115

Leicestershire Royal Horse Artillery
1/1st: 2A/4,32
2/1st: 2A/4

Leicestershire Yeomanry
1/1st: 1/11,20
2/1st: 2A/4,5,23

Leinster Regiment
1st: 1/100...3A/14,15
2nd: 1/76,120...3A/65,130
6th: 2B/72...3A/14,15,50...3B/47
7th: 3A/64

Life Guards
1st: 1/20
2nd: 1/20

Light Armoured Car Battery, No.7: 1/20

Light Divisions: *See 14th and 20th Infantry Divisions*

Lincoln and Leicester Infantry Brigade: 2A/64

Lincolnshire Field Batteries
1/1st: 2A/64
2/1st: 2B/20
1/2nd: 2A/64
2/2nd: 2B/20
1/3rd: 2A/64
2/3rd: 2B/20

Lincolnshire Regiment
1st: 1/52...3A/106,107
2nd: 1/92...3A/106,107
4th: 2B/20...3A/67...3B/47,97
1/4th: 2A/64
2/4th: 2B/20
1/5th: 2A/64
2/5th: 2B/20,72...3B/3
6th: 3A/22,23
7th: 3A/74,75
8th: 3A/106...3B/74,75
9th: 3B/133
10th: 2B/72...3B/44,45,97
13th: 2B/108

Lincolnshire Yeomanry
1/1st: 2A/4,32,119
2/1st: 2A/4,5,23

Liverpool Infantry Brigade: 2A/134,136

Liverpool Irish: *See 8th King's Liverpool Regiment*

Liverpool Regiment: *See King's Liverpool Regiment*

Liverpool Scottish: *See 10th King's Liverpool Regiment*

London Divisional Ambulance Workshop, 2nd: 2A/71

London Divisional Ammunitions Column, 2nd: 2A/72

London Divisional Cyclist Companies
1st: 2A/144
2nd: 2A/72

London Divisional Signal Companies
1/1st: 1/120...2A/144...2B/12
1/2nd: 2A/72
2/2nd: 2B/28

London Divisional Transport and Supply Columns
  1/1st: 2A/12,144
  2/1st: 2B/12
  1/2nd: 2A/72
  2/2nd: 2B/28

London Divisions: *See 47th, 56th, 58th and 60th Infantry Divisions*

London Field Ambulances
  1/1st: 2A/12,13,32,144
  2/1st: 2A/22,144...2B/12
  1/2nd: 2A/144
  2/2nd: 2A/144...2B/12
  1/3rd: 2A/144
  2/3rd: 2A/144...2B/12
  1/4th: 2A/72
  2/4th: 2B/28,29
  1/5th: 2A/72
  2/5th: 2B/28,29
  1/6th: 2A/72
  2/6th: 2B/28,29

London Field Batteries
  1/1st: 2A/144...3B/64
  2/1st: 2B/12
  1/2nd: 2A/144...3B/64
  2/2nd: 2B/12
  1/3rd: 2A/144...3B/64
  2/3rd: 2B/12
  1/4th: 2A/144...3B/64
  2/4th: 2B/12
  1/5th: 2A/144...3B/64
  2/5th: 2B/12
  1/6th: 2A/144...3B/64
  2/6th: 2B/12
  1/7th: 2A/144...3B/64
  2/7th: 2B/12
  1/8th: 2A/144...3B/64
  2/8th: 2B/12
  1/9th: 2A/144...3B/64
  2/9th: 2B/12
  1/10th: 2A/144...3B/64
  2/10th: 2B/12
  1/11th: 2A/144...3B/64
  2/11th: 2B/12
  1/12th: 2A/72
  2/12th: 2B/28
  1/13th: 2A/72
  2/13th: 2B/28
  1/14th: 2A/72
  2/14th: 2B/28
  1/15th: 2A/72
  2/15th: 2B/28
  1/16th: 2A/72
  2/16th: 2B/28
  1/17th: 2A/72
  2/17th: 2B/28
  1/18th: 2A/72
  2/18th: 2B/28
  1/19th: 2A/72
  2/19th: 2B/28
  1/20th: 2A/72
  2/20th: 2B/28
  1/21st: 2A/72
  2/21st: 2B/28
  1/22nd 2A/72
  2/22nd: 2B/28

London Field Companies
  1/1st: 1/76...2A/144
  2/1st: 2A/144...2B/12
  1/2nd: 1/120...2A/144
  2/2nd: 2A/144...2B/12
  1/3rd: 1/108... 2A/72
  2/3rd: 2A/72...2B/27
  3/3rd: 2B/28
  1/4th: 2A/72
  2/4th: 2B/28
  1/5th: 2B/12
  1/6th: 2B/28

London Heavy Batteries
  1/1st: 2A/143...2B/11
  2/1st: 2B/11,77,102
  1/2nd: 2A/71
  2/2nd: 2B/27,35,77,102

London Infantry Brigades
  1/1st: 2A/142,144
  2/1st: 2B/10,12
  1/2nd: 2A/142,144
  2/2nd: 2B/10,12
  1/3rd: 2A/142,144
  2/3rd: 2B/10,12
  1/4th: 2A/71,72
  2/4th: 2B/28
  1/5th: 2A/72
  2/5th: 2B/28
  1/6th: 2A/72
  2/6th: 2B/28

London Irish Rifles: *See 18th London Regiment*

London Mobile Veterinary Sections
  1/1st: 2A/12,13,144
  1/2nd: 2A/72
  2/2nd: 2B/28,29

London Mounted Brigade Signal Troop, 1st: 2A/32

London Mounted Brigade Transport and Supply Columns
    1/1st: 2A/12
    2/1st: 2A/22

London Mounted Brigades
    1/1st: 2A/12
    2/1st: 2A/20,22

London Regiment
    1/1st: 1/92...2A/144
    2/1st: 1/119...2A/119...2B/12
    3/1st: 2B/12
    1/2nd: 1/75,76...2A/144...3A/129
    2/2nd: 2A/119...2B/12...3B/124
    3/2nd: 2B/12
    3rd: 2B/12
    1/3rd: 2A/63...2A/71,144
    2/3rd: 1/119...2A/119...2B/12
    3/3rd: 2B/12
    1/4th: 2A/63...2A/71,144
    2/4th: 2A/119...2B/12...3B/124
    3/4th: 2B/12
    1/5th: 1/51,59...2A/144
    2/5th: 2B/12
    1/6th: 2A/72,144...3A/81
    2/6th: 2B/12
    6th: 2B/12
    1/7th: 2A/72,144...3A/81
    2/7th: 2B/12
    7th: 2B/12
    1/8th: 2A/72,144
    2/8th: 2B/12
    8th: 2B/12
    1/9th: 1/68...2A/144
    2/9th: 2B/12
    9th: 2B/12
    1/10th: 2A/128,144...2B/11
    2/10th: 2B/12
    1/11th: 2A/128,144...2B/11
    2/11th: 2B/12
    1/12th: 1/107...2A/144
    2/12th: 2B/12
    12th: 2B/12
    1/13th: 1/91...2A/71,144
    2/13: 2B/28,29
    1/14th: 1/36...2A/71,144
    2/14th: 2B/28,29...3B/5
    1/15th: 2A/72
    2/15th: 2B/28,29...3B/5
    1/16th: 1/76...2A/71,144
    2/16th: 2B/28,29...3B/5
    1/17th: 2A/72
    2/17th: 2B/28,29...3B/5
    1/18th: 2A/72
    2/18th: 2B/28,29
    1/19th: 2A/72
    2/19th: 2B/28,29
    1/20th: 2A/72
    2/20th: 2B/28,29,44,72
    1/21st: 2A/72
    2/21st: 2B/28,29
    1/22nd: 2A/72
    2/22nd: 2B/28,29
    1/23: 2A/72
    2/23rd: 2B/28,29...3B/5
    1/24th: 2A/72
    2/24th: 2B/28,29,72
    1/25th: 2A/4
    2/25th: 2A/4,5...2B/85
    1/28th: 3B/121
    29th: 2B/102
    30th: 2B/102
    33rd: 3A/49
    34th: 3A/65

London Rifle Brigade: *See 5th London Regiment*

London Royal Field Artillery Brigades and Ammunition Columns
    1/1st: 2A/71,144...2B/11...3B/63,64,83
    2/1st: 2B/12
    1/2nd: 2A/144...2B/11...3B/63,64,83
    2/2nd: 2B/12
    1/3rd: 2A/71,144...2B/11...3B/63,64,83
    2/3rd: 2B/12
    1/4th: 2A/144...2B/11...3B/63,64,83
    2/4th: 2B/12
    1/5th: 2A/72
    2/5th: 2B/28
    1/6th: 2A/72
    2/6th: 2B/28
    1/7th: 2A/72
    2/7th: 2B/28
    1/8th: 2A/72
    2/8th: 2B/28

London Sanitary Sections
    1/1st: 2B/93
    3/1st: 2B/69
    2nd: 2A/71

London Scottish: *See 14th London Regiment*

London Signal Troops
    1/1st: 2A/12,13
    2/1st: 2A/22

London Wireless Signal Company: 2A/4

London Wireless Signal Section: 2A/4

Lord Strathcona's Horse: 1/20

Lothians and Border Horse, 1/1st:
3A/114,138,145,146

Lovat's Scouts
1/1st: 2A/13
2/1st: 2A/5
1/2nd: 2A/13
2/2nd: 2A/5

Lowland Divisions: See *52nd and 65th Infantry Divisions*

Lowland Field Ambulances
1/1st: 2A/112
2/1st: 2B/62
1/2nd: 2A/112
2/2nd: 2B/62
1/3rd: 2A/112
2/3rd: 2B/62

Lowland Field Companies
1/1st: 1/36...2A/111
2/1st: 2A/112...2B/64
3/1st: 2B/62
1/2nd: 1/120...2A/111,112
2/2nd: 2A/112...2B/64
1/3rd: 2B/62
3/2nd: 2B/62

Lowland Heavy Batteries
1/1st: 2A/111
2/1st: 2B/64

Lowland Mobile Veterinary Sections
1st: 2A/112

Lowland Mounted Brigade: 2A/111

Lowland Royal Field Artillery Brigades and Ammunition Columns
1/1st: 2A/111
2/1st: 2B/62
1/2nd: 2A/112
2/2nd: 2B/62
1/3rd: 2A/111
2/3rd: 2B/62
1/4th: 2A/112...3A/21
2/4th: 2B/62

Lowland Sanitary Section, 2/1st: 2B/64

Loyal Regiment: See *North Lancashire Regiment*

M

Machine Gun Companies
1st: 1/36
1st (Guards): 1/28
2nd: 1/36
2nd (Guards): 1/28
2nd (Royal Naval): 3B/120
3rd: 1/36
3rd (Guards): 1/28
4th: 2B/118
4th (Guards): 1/28
5th: 1/44
6th: 1/44
7th: 3A/138
8th: 1/52
9th: 1/52
10th: 1/60
11th: 1/60
12th: 1/60
13th: 1/68
14th: 3B/24
15th: 1/68
16th: 1/76
17th: 3A/130
18th: 1/76
19th: 3B/34
20th: 1/84
21st: 3B/4
22nd: 1/84
23rd: 1/92
24th: 1/92...3A/122
25th: 1/92
26th: 3A/6
27th: 3A/6
28th: 3A/6
29th: 3A/14,15
30th: 3A/14,15
31st: 3A/14,15
32nd: 3A/22
33rd: 3A/22
34th: 3A/22
35th: 3A/30
36th: 3A/30
37th: 3A/30
38th: 3A/38,39
39th: 3A/38,39,41
40th: 3A/38,39
41st: 3A/48
42nd: 3A/48
43rd: 3A/48
44th: 2B/11...3A/56
45th: 3A/56
46th: 3A/56
47th: 3A/64
48th: 3A/64
49th: 3A/64

50th: 3A/74
51st: 3A/74
52nd: 3A/74
53rd: 3A/82
54th: 3A/82
55th: 3A/82
56th: 3A/90
57th: 3A/90
58th: 3A/90
59th: 3A/98
60th: 3A/98
61st: 3A/98
62nd: 3A/106
63rd: 3A/106...3B/74
64th: 3A/106
65th: 3A/114,115
66th: 3A/114,115
67th: 3A/114,117
68th: 3A/122
69th: 3A/122
70th: 1/92...3A/122
71st: 1/76
72nd: 3A/130
73rd: 3A/130
74th: 3A/138
75th: 3A/138
76th: 1/52
77th: 3A/146,147
78th: 3A/146,147
79th: 3A/146,147
80th: 1/100
81st: 1/100
82nd: 1/100
83rd: 1/108,112
84th: 1/108,112
85th: 1/108,112
86th: 1/120
87th: 1/120
88th: 1/120
89th: 3B/4
90th: 3B/4
91st: 1/84
92nd: 3B/14
93rd: 3B/14
94th: 3B/14
95th: 1/68
96th: 3B/24
97th: 3B/24
98th: 3B/34
99th: 1/44
100th: 2B/11...3B/34
101st: 3B/44
102nd: 3B/44

103rd: 3B/44
104th: 3B/54
105th: 3B/54
106th: 3B/54
107th: 3B/64,65
108th: 3B/64,65
109th: 3B/64,65
110th: 3A/106...3B/74
111th: 3B/74
112th: 3B/74
113th: 3B/84
114th: 3B/84
115th: 3B/84
116th: 3B/94
117th: 3B/94
118th: 3B/94
119th: 3B/102
120th: 3B/102
121st: 3B/102
122nd: 3B/110,111
123rd: 3B/110,111
124th: 3B/110,111
125th: 2A/38
126th: 2A/38
127th: 2A/38
137th: 2A/64
138th: 2A/64
139th: 2A/64
140th: 2A/72
141st: 2A/72
142nd: 2A/72
143rd: 2A/80
144th: 2A/80
145th: 2A/80
146th: 2A/88
147th: 2A/88
148th: 2A/88
149th: 2A/96,97
150th: 2A/96,97
151st: 2A/96,97
152nd: 2A/104
153rd: 2A/104
154th: 2A/104
155th: 2A/112
156th: 2A/112
157th: 2A/112
158th: 2A/120
159th: 2A/120
160th: 2A/120
161st: 2A/128
162nd: 2A/128
163rd: 2A/128
164th: 2A/136

165th: 2A/136
166th: 2A/136
167th: 2A/144
168th: 2A/144
169th: 2A/144
170th: 2B/4
171st: 2B/4
172nd: 2B/4
173rd: 2B/4
174th: 2B/20
175th: 2B/20
176th: 3B/84
177th: 2B/20
178th: 2A/64
179th: 2B/28
180th: 2B/28
181st: 2B/28
182nd: 2B/36
183rd: 2B/36
184th: 2B/36
188th: 3B/121
189th: 3B/121
190th: 3B/121
191st: 3A/130
192nd: 1/76
193rd: 2A/144
194th: 3A/122
195th: 3A/138
196th: 2A/136
197th: 2B/11...3A/6
198th: 2B/12...3A/29
199th: 2A/88...3B/111
200th: 2B/19,20
201st: 2B/19,44
202nd: 2B/19,70
203rd: 2B/19,70
204th: 2B/70
205th: 1/68
206th: 2B/12
208th: 2B/44
209th: 2B/118
210th: 2B/118
212th: 2B/44
213th: 2B/44
214th: 2B/12
215th: 2B/12
216th: 1/36
217th: 3A/98
218th: 1/92
219th: 3B/24
220th: 1/84
221st: 2B/120
223rd: 3B/121
224th: 3A/48
225th: 3A/56
226th: 3B/4
227th: 1/120
228th: 3B/94
229th: 2B/126
230th: 2B/126
231st: 2B/126
232nd: 2A/104
233rd: 1/52
234th: 1/60
235th: 3A/30
236th: 3A/74
237th: 3A/106
238th: 3B/110
239th: 2A/71
240th: 3B/44
241st: 3B/54
242nd: 1/44
243rd: 3B/14
244th: 3B/102
245th: 2A/97
246th: 3A/90
247th: 3B/74
248th: 3B/34
249th: 3A/47
250th: 3A/22
251st: 2A/80
252nd: 2B/79,102
253rd: 2B/79,102
254th: 2A/87
255th: 2A/72
262nd: 2B/120
264th: 2B/120
265th: 3A/81
266th: 3B/65
267th: 2A/35
269th: 3A/64
271st: 2B/120
272nd: 2B/120
273rd: 3A/39
277th: 1/108
278th: 3A/81
Z: 1/112

Machine Gun Corps Battalions
No.1: 1/36
No.2: 1/44
No.3: 1/52
No.4: 1/60
No.5: 1/68
No.6: 1/76
No.7: 1/84

No.8: 1/92
No.9: 3A/7
No.10: 3A/15
No.11: 3A/22,23
No.12: 3A/31
No.14: 3A/48,49
No.15: 3A/56,57
No.16: 3A/65
No.17: 3A/75
No.18: 3A/82,83
No.19: 3A/90,91
No.20: 3A/99
No.21: 3A/106,107
No.23: 3A/123
No.24: 3A/131
No.25: 2B/19...3A/138,139
No.29: 1/120
No.30: 3B/5
No.31: 3B/15
No.32: 3B/25
No.33: 3B/35
No.34: 3B/45
No.35: 3B/55
No.36: 3B/65
No.37: 3B/75
No.38: 3B/85
No.39: 3B/95,103
No.40: 3B/102
No.41: 3B/111
No.42: 2A/38
No.46: 2A/64
No.47: 2A/72
No.48: 2A/80,81
No.49: 2A/88
No.50: 2A/97
No.51: 2A/104,105
No.52: 2A/112
No.53: 2A/120
No.54: 2A/128
No.55: 2A/136
No.56: 2A/144
No.57: 2B/4
No.58: 2B/12,13
No.59: 2B/20
No.60: 2B/29
No.61: 2B/37
No.62: 2B/44
No.63: 3B/121
No.66: 2B/70
No.74: 2B/118
No.75: 2B/126
No.100: 2B/11,70...3A/137
No.104: 3A/5...3B/105

No.200: 2B/20

Machine Gun Squadrons
17th: 2A/32
18th: 2A/32
21st: 2A/32

McCulloch's Force: 3A/105

Mahratta Light Infantry, 110th: 2A/120

Manchester Infantry Brigade: 2A/38

Manchester Regiment
2nd: 1/68...3B/24,25
20th: 1/84
1/5th: 2A/38
2/5th: 2B/70
1/6th: 2A/38
2/6th: 2B/70
1/7th: 2A/38
2/7th: 2B/70
1/8th: 2A/38
2/8th: 2B/70
9th: 2B/70
1/9th: 2A/38
2/9th: 2B/70
1/10th: 2A/38
2/10th: 2B/70
11th: 3A/22,23
12th: 3A/74,75
13th: 2B/72...3A/114
14th: 3B/133
16th: 3A/49...3B/4,5
17th: 2B/72...3B/4,5
18th: 3B/4
19th: 3B/4
20th: 1/84...3A/139...3B/4
21st: 1/84...3A/139...3B/4
22nd: 1/84...3B/4
23rd: 3B/54
24th: 1/84...3B/4
28th: 2B/114,115
51st: 2B/87
52nd: 2B/87

Marlborough Armoured Train: 1/112

Medical Stores Advanced Depot, 22nd: 1/113

Medium Batteries
2nd: 1/114
3rd: 1/114
6th: 1/114
10th: 1/114
18th: 1/114
20th: 1/114
22nd: 1/114

33rd: 1/114
34th: 1/114

Medium Brigades
   3rd (III): 1/114
   5th (V): 1/114

Middlesex Infantry Brigade: 2A/49,50

Middlesex Regiment
   1st: 1/44...3B/34,35
   2nd: 1/92
   3rd: 1/108
   4th: 1/52...3A/106...3B/74,75
   1/7th: 1/92...2A/50,144
   2/7th: 2B/77,78,79
   3/7th: 2B/78
   1/8th: 1/92,107...2A/50,144
   2/8th: 2B/77,78
   3/8th: 2B/78
   1/9th: 2A/50
   2/9th: 2B/78,79
   1/10th: 2A/50
   2/10th: 2A/120...2B/77
   3/10th: 1/59...2B/78...3A/5
   11th: 3A/30
   12th: 3A/82
   13th: 3A/130,131
   14th: 3B/134
   15th: 3B/134
   16th: 1/120...3B/34
   17th: 1/44...3B/34
   18th: 3B/33,34,35
   19th: 3B/110,111,113
   20th: 3A/49,67...3B/93,94,102
   21st: 3A/139...3B/47,93,94,96,102
   22nd: 3B/105
   23rd: 3B/110,111
   25th: 2A/52...2B/102
   26th: 1/100...2B/93
   51st: 2B/57
   52nd: 2B/57,102

Middlesex Yeomanry: *See 1st County of London Yeomanry*

Midlothian Field Batteries
   2/1st: 2B/62

Mixed Brigade, 226th: 2B/77,102

Mobile Ammunition Column, 42nd: 2A/37

Mobile Veterinary Sections (numbered and lettered)
   1st: 1/4
   2nd: 1/36
   3rd: 1/44
   4th: 1/60

5th: 1/68
6th: 1/76
7th: 1/12,112
8th: 1/4,12
9th: 1/4,12
10th: 1/4
11th: 1/52
12th: 1/84
13th: 1/20
14th: 1/20
15th: 1/92
16th: 1/100
17th: 1/108,112
18th: 1/120
19th: 2A/38...3B/120
20th: 1/20
21st: 3A/6,7
22nd: 3A/22,23
23rd: 3A/30,31
24th: 3A/38,39
25th: 3A/14,15
26th: 3A/48,49
27th: 3A/56,57
28th: 3B/74,75
29th: 3A/74,75
30th: 3A/82,83
31st: 3A/90,91
32nd: 3A/98,99
33rd: 3A/106,107
34th: 3A/114,115
35th: 3A/122,123
36th: 3A/130,131
37th: 3A/138,139
38th: 3A/146,147
39th: 1/4
40th: 3B/4,5
41st: 3B/14,15
42nd: 3B/24,25
43rd: 3B/34,35
44th: 3B/44,45
45th: 3B/54,55
46th: 1/28
47th: 3A/64,65
48th: 3B/64,65
49th: 3B/84,85
50th: 3B/94,95
51st: 3B/102,103
52nd: 3B/110,111
53rd: 2A/120...3B/120,121
54th: 2A/128
56th: 2B/102
57th: 2B/4,108
58th: 2B/12,13,114,115

59th: 2B/20,118
60th: 2B/126
61st: 2B/36,37
64th: 2B/56,57
65th: 2B/62,63
67th: 2B/78,79
68th: 2B/86,87
69th: 2B/94,95
A: 2A/12
A (Canadian): 1/20
B: 2A/12
C: 2A/12
D: 2A/12

Monmouthshire Field Batteries
1/1st 2A/120
2/1st: 2B/86
1/2nd: 2A/120
2/2nd: 2B/86
1/3rd: 2A/120
2/3rd: 2B/86

Monmouthshire Regiment
1/1st: 1/107... 2A/63,64,119
2/1st: 2A/119...2B/86,87
1/2nd: 1/60,107,119,120...2A/119
2/2nd: 2A/119...2B/86,87
1/3rd: 1/107... 2A/88,119
2/3rd: 2A/119...2B/86

Montgomeryshire Yeomanry
1/1st: 2A/4
2/1st: 2A/4,5,22

Motor Ambulance Convoy, 34th: 1/113

Motor Machine Gun Batteries
No.3: 3A/129
No.7: 3A/5
No.8: 1/4
8th: 3A/47
9th: 3A/29
10th: 3A/6
11th: 1/35...3A/5,55
11th Division: 3A/21
No.12: 3A/73
12th: 1/35
No.13: 3A/89
13th: 3A/13
No.14: 3A/97
14th: 1/35
No.15: 3A/81
16th: 3B/73
19th: 3B/3,33

Mountain Batteries
2nd: 1/59,99...3A/13
5th: 1/51,83,91
7th: 1/35,43,91,107
16th: 2B/120
26th: 3A/37

Mountain Brigades
3rd (III): 1/107
4th (IV): 1/120...3A/13
8th (VIII): 2B/125

Mounted Brigade Army Service Corps
1st: 2A/5,22,23
2nd: 2A/5,22,23
3rd: 2A/5,22,23
4th: 2A/5
5th: 2A/23
9th: 2A/22
10th: 2A/22
11th: 2A/22
12th: 2A/22
13th: 2A/28
14th: 2A/28
15th: 2A/28
16th: 2A/28

Mounted Brigade Field Ambulances
1st: 2A/5,22,23
2nd: 2A/5,22,23
3rd: 2A/5,22,23
4th: 2A/5
9th: 2A/22
10th: 2A/22
11th: 2A/22
12th: 2A/22
13th: 2A/28
14th: 2A/28
15th: 2A/28
16th: 2A/28

Mounted Brigade Signal Troops
1st: 2A/5,22,23
2nd: 2A/5,22,23
3rd: 2A/5,22,23
4th: 2A/5
6th: 2A/32
9th: 2A/22
10th: 2A/22
11th: 2A/22
12th: 2A/22
13th: 2A/28
14th: 2A/28
15th: 2A/28
16th: 2A/28
22nd: 2A/32

Mounted Brigades (numbered)
    1st: 2A/3,5,10,11,12,13,20,21,22,23
    1st (Composite): 2A/10,13
    2nd: 2A/3,5,10,11,12,13,20,21,22,23
    2nd (Composite): 2A/10,13
    3rd: 2A/3,5,10,11,12,13,20,21,22,23
    4th: 2A/3,5,10,11,12,13
    5th: 2A/10,11,12,13,15
    6th: 2A/31,32
    7th: 2A/33
    8th: 2A/31,32
    9th: 2A/20,22
    10th: 2A/20,22
    11th: 2A/20,22
    12th: 2A/20,22
    13th: 2A/27,28
    14th: 2A/27,28
    15th: 2A/27,28
    16th: 2A/27,28
    22nd: 2A/31,32

Mounted Divisional Army Service Corps
    1st: 2A/4,5,23
    2nd: 2A/12,13
    3rd: 2A/22
    4th: 2A/28

Mounted Divisional Signal Squadrons
    1st: 2A/4,5,23
    2nd: 2A/12,13
    3/2nd: 2A/22
    3rd: 2A/22
    4th: 2A/28

Mounted Divisions (numbered)
    1st: 2A/1-7,22,23,31
    2nd: 2A/9-17,119,152
    2nd/2nd: 2A/19-26
    3rd: 2A/22
    4th: 2A/27-30

Mule Corps: 1/113

N

Navy and Army Canteen Board: 1/113

Nelson Battalion: 3B/120,121

New Zealand and Australian Divisional Signal Company: 3B/149

New Zealand Field Artillery Battery, 3rd: 1/119

New Zealand Infantry Brigade: 1/119...3B/149

Norfolk Field Batteries
    1/1st: 2A/128
    2/1st: 2B/94
    1/2nd: 2A/128
    2/2nd: 2B/94
    1/3rd: 2A/128
    2/3rd: 2B/94

Norfolk Regiment
    1st: 1/68
    1/4th: 2A/128
    2/4th: 2B/94,95
    1/5th: 2A/128
    2/5th: 2B/94,95
    1/6th: 2A/4,5
    7th: 3A/30,31
    8th: 3A/82
    9th: 1/76...3A/130
    10th: 3B/134
    11th: 2B/102
    12th: 2B/118...3B/15

Norfolk Yeomanry
    1/1st: 2A/4
    2/1st: 2A/5,28

North Irish Horse:
    1/52...2A/104,136...2B/19...3B/23,34,44

North Lancashire Infantry Brigade: 2A/134,136

North Lancashire Regiment
    1st: 1/36,112
    2nd: 2B/126...3B/45
    1/4th: 2A/104,136
    2/4th: 2B/4
    1/5th: 1/75... 2A/96,136...2B/4
    2/5th: 2B/,4
    4/5th: 2B/4
    6th: 3A/38,39
    7th: 3A/90
    8th: 3A/138
    9th: 3A/137,138
    10th: 3B/74
    11th: 3B/134
    1/12th: 2B/28,93,118...3B/23
    13th: 2B/114,115
    14th: 2B/114
    15th: 3A/49

North Midland Cyclist Company: 2A/64

North Midland Divisions: *See 46th and 59th Infantry Divisions*

North Midland Divisional Ammunition Column: 2A/64

North Midland Divisional Signal Company: 2A/64

North Midland Divisional Transport and Supply Column: 2A/64

North Midland Field Ambulances
1/1st: 2A/4.32... 2A/64
2/1st: 2A/4,5...2B/20
2/2nd: 2B/20
1/2nd: 2A/64
1/3rd: 2A/64
2/3rd: 2B/20

North Midland Field Companies
1/1st: 1/108... 2A/64
2/1st: 1/67,107... 2A/64...2B/19
3/1st: 2B/20
1/2nd: 2A/64
2/2nd: 2B/20
1/3rd: 2B/20

North Midland Heavy Batteries and Ammunition Columns
1/1st: 2A/63
2/1st: 2B/19

North Midland Mobile Veterinary Section
1/1st: 2A/4,64
2/1st: 2A/4,5
3/1st: 2A/32
4/1st: 2A/32

North Midland Mounted Brigade Transport and Supply Column
1/1st: 2A/4
2/1st: 2A/4,5

North Midland Mounted Brigades
1/1st: 2A/2,4
2/1st: 2A/2,4,5

North Midland Royal Field Artillery Brigades and Ammunition Columns
1/1st: 2A/64
2/1st: 2B/20
1/2nd: 2A/64
2/2nd: 2B/20
1/3rd: 2A/64
2/3rd: 2B/20
1/4th: 2A/64
2/4th: 2B/20

North Midland Signal Troop
1/1st: 2A/4
2/1st: 2A/4,5

North Riding Field Battery, 3rd: 2A/96

North Riding Heavy Batteries: *See Northumbrian*

North Somerset Yeomanry
1/1st: 1/20
2/1st: 2A/28

North Staffordshire Regiment
1st: 1/76...3A/130,131
4th: 2B/78,79...3B/55
1/5th: 2A/64...3A/67...3B/47,97
2/5th: 2B/20
1/6th: 2A/64
2/6th: 2B/20,72
7th: 3A/38,39,41
8th: 3A/90,91
9th: 3B/73,74,75
10th: 3B/136
12th: 3B/103

Northamptonshire Field Batteries
1/1st: 2A/128
2/1st: 2B/94

Northamptonshire Regiment
1st: 1/36
2nd: 1/92...3A/122
1/4th: 2A/128
2/4th: 2B/94,95
5th: 3A/29,30,31
6th: 3A/82,83
7th: 3A/130,131
8th: 3B/137

Northamptonshire Yeomanry
1/1st: 1/60,68,76,92
2/1st: 2B/20,78,94

Northern Divisions: *See 11th and 17th Infantry Divisions*

Northern Signal Company: 2A/5

Northumberland Field Batteries
1/1st: 2A/96
2/1st: 2B/52
1/2nd: 2A/96
2/2nd: 2B/52
1/3rd: 2A/96
2/3rd: 2B/52

Northumberland Fusiliers
1st: 1/52
2nd: 1/108...2A/97
1/4th: 2A/96,97...3B/97
2/4th: 2B/52,108
1/5th: 2A/96,97...3B/97
2/5th: 2B/52,108
1/6th: 2A/96,97...3B/97
2/6th: 2B/52,108
1/7th: 2A/37,38,96,97
2/7th: 2B/52
8th: 3A/22,23

9th: 2B/37...3A/74...3B/45
10th: 3A/122,123
11th: 3A/122,123
12th: 3A/106
12th/13th: 3A/108,107
13th: 3A/106
14th: 3A/105,106,107
15th: 3B/133
16th: 3B/24
17th: 2A/112...3B/24
18th: 2B/72...3B/43,44,45,97
19th: 3B/53,54,55
20th: 3B/44
21st: 3B/44
22nd: 3A/65...3B/44,45
23rd: 2B/72...3B/44,45,97
24th: 3B/44
25th: 2B/72...3B/44.45,96
26th: 3B/44
27th: 3B/44
36th: 2B/20
51st: 2B/95
52nd: 2B/79,95

Northumberland Hussars Yeomanry
1/1st: 1/36,84,92
2/1st: 2B/20,44

Northumberland Infantry Brigade: 2A/96

Northumbrian Cyclist Company, 1st: 2A/96

Northumbrian Divisions: *See 50th and 63rd Infantry Divisions*

Northumbrian Divisional Ambulance Workshop: 2A/95

Northumbrian Divisional Ammunition Column: 2A/96

Northumbrian Divisional Signal Company: 2A/96

Northumbrian Divisional Transport and Supply Column, 1st: 2A/96

Northumbrian Field Ambulances
1/1st: 2A/96,97
2/1st: 2B/52
1/2nd: 2A/95
2/2nd: 2A/96,97...2B/51
3/2nd: 2B/52
1/3rd: 2A/96,97
2/3rd: 2B/52

Northumbrian Field Companies
1/1st: 1/108...2A/96
2/1st: 1/108...2B/51
3/1st: 2B/52
1/2nd: 2A/96
2/2nd: 2B/52
1/3rd: 2B/52

Northumbrian Heavy Batteries
1/1st: 2A/95
2/1st: 2B/51

Northumbrian Mobile Veterinary Sections
1/1st: 2A/96,97
2/1st: 2B/52

Northumbrian Royal Field Artillery Batteries and Ammunition Columns
1/1st: 2A/96
2/1st: 2B/52
1/2nd: 2A/96
2/2nd: 2B/52
1/3rd: 2A/96
2/3rd: 2B/52
1/4th: 2A/96
2/4th: 2B/52

Northumbrian Sanitary Section: 2A/95

Nottinghamshire and Derbyshire Regiment: *See Sherwood Foresters*

Nottinghamshire Royal Horse Artillery
1/1st: 2A/4,12,13
2/1st: 2A/22,29

Nottinghamshire Yeomanry: *See Sherwood Rangers and South Nottinghamshire Hussars*

Notts and Derby Field Ambulances
1/1st: 2A/4,12,13
2/1st: 2A/22

Notts and Derby Mobile Veterinary Section: 2A/4,12,13

Notts and Derby Mounted Brigade Transport and Supply Columns
1/1st: 2A/4,12
2/1st: 2A/22

Notts and Derby Mounted Brigades
1/1st: 2A/2,4,12
2/1st: 2A/20,22

Notts and Derby Signal Troop
1/1st: 2A/12,13
2/1st: 2A/22

Otago Battalion: 3B/149

Outram's Rifles, 123rd: 2B/126

Oxfordshire and Buckinghamshire Light Infantry
2nd: 1/44
1/4th: 2A/80,81
2/4th: 2B/36,37
5th: 3A/48,67
6th: 3A/98
7th: 3A/145,146,147
8th: 3A/146,147
9th: 3B/135
10th: 2B/108

Oxfordshire Yeomanry
1/1st: 1/3,12...2A/4...3B/124
2/1st: 2A/22,23

P

Pack Batteries
1st: 1/112
5th: 1/112
7th: 1/112
14th: 1/112

Pack Brigade and Ammunition Column, 5th (V): 1/112

Pembrokeshire Yeomanry
1/1st: 2A/4
2/1st: 2A/4,5

Pioneers (Indian Army)
2/107th: 2B/29
2/128th: 1/112
155th: 2A/120
2/155th: 2B/27...3A/15

Plymouth Battalion: 1/119...3B/120,148

Pom-Pom Battery, 52nd: 2A/111

Pom-Pom Sections
No.2: 1/75
No.3: 1/35
No.4: 1/59
No.5: 1/51
No.6: 1/67
No.7: 1/83
No.11: 1/43

Poona Horse, 34th: 2A/33

Poplar and Stepney Rifles: See 17th London Regiment

Portsmouth Battalion: 3B/120

Portuguese Artillery Brigades
3rd (III): 2B/19
4th (IV): 2A/71...2B/3

Portuguese Division, 1st: 3A/50

Portuguese Field Ambulance, 5th: 2B/3

Portuguese Field Companies
1st: 2A/71...2B/3
2nd: 3A/50
3rd: 3A/50

Portuguese Infantry Battalions
14th: 2B/3,19
15th: 2B/3,19
23rd: 2A/71
25th: 2A/71

Portuguese Infantry Brigades
1st: 3A/50,67
2nd: 3A/50
3rd: 3A/50

Portuguese Machine Gun Companies
2nd: 3A/50
3rd: 3A/50

Portuguese Sappers and Miners
2nd Company: 3A/50
4th Company: 3A/50

Post Office Rifles: See 8th London Regiment

Prince Albert's Own Hussars: See 11th Hussars

Prince of Wales's Dragoon Guards: See 3rd Dragoon Guards

Prince of Wales's Own Royal Hussars: See 10th Hussars

Prince of Wales's Own Royal Regiment: See Royal Wiltshire Yeomanry

Prince of Wales's Royal Lancers: See 12th Lancers

Prince of Wales's Volunteers: See South Lancashire Regiment

Princess Patricia's Canadian Light Infantry: 1/100

Princess Royal's Dragoon Guards: See 7th Dragoon Guards

Provisional Battalions
28th: 2B/108
41st: 2B/114
42nd: 2B/114
43rd: 2B/93
44th: 2B/114
45th: 2B/114
61st: 2B/102
62nd: 2B/93

64th: 2B/93
66th: 2B/93,102
67th: 2B/93
70th: 2B/108
81st: 2B/108
83rd: 2B/108
100th: 2B/102
101st: 2B/102

Provisional Brigade, 3rd: 2B/93

Provisional Field Companies
6th: 2B/102
8th: 2B/108
9th: 2B/114

Provisional Garrison Guard Battalions
1st: 2B/19
4th: 2B/19

Punjabis
2/19th: 2B/29
21st: 2A/120
24th: 1/112
25th: 1/112
29th: 2B/126
2/30th: 2B/29
31st: 1/112
46th: 3A/15
67th: 1/112
72nd: 2B/126
74th: 3A/15
84th: 1/112

Q

Queen Alexandra's Own Royal Hussars: See 19th Hussars

Queen Mary's Own Hussars: See 18th Hussars

Queen Mary's Regiment: See Surrey Yeomanry

Queen Victoria's Rifles: See 9th London Regiment

Queen's Bays: See 2nd Dragoon Guards

Queen's Edinburgh Rifles: See 4th and 5th Royal Scots

Queen's Lancers: See 16th Lancers

Queen's Own Hussars: See 4th Hussars

Queen's Own Royal Regiment: See Staffordshire Yeomanry

Queen's Royal Lancers: See 9th Lancers

Queen's Royal West Surrey Regiment
1st: 1/36,44...3B/34,35

2nd: 1/84
1/4th: 2A/50
2/4th: 2A/120...2B/77,78...3B/45
3/4th: 3A/5,29,105
1/5th: 2A/50
2/5th: 2B/78,79
6th: 3A/30,31
7th: 3A/82,83
8th: 3A/130,131
9th: 3B/134
10th: 3B/110,111
11th: 3B/110,111
16th: 2B/79,102
51st: 2B/87,95
52nd: 2B/57,102

Queen's Westminster Rifles: See 16th London Regiment

R

Railhead Supply Detachment, 69th: 2A/23

Rajput Light Infantry, 2nd: 1/112...3A/113

Rangers: See 12th London Regiment

Renfrewshire Field Batteries
1/1st: 2A/104
2/1st: 2B/56
1/2nd: 2A/104
2/2nd: 2B/56

Renfrewshire Field Company, 1/1st: 1/60...2B/93

Reynold's Force: 1/19

Rifle Brigade
1st: 1/60
2nd: 1/92,112
3rd: 1/76...3A/130,131
4th: 1/100
7th: 3A/48
8th: 3A/48...3B/47,97
9th: 3A/48...3B/47,97
10th: 3A/98
11th: 3A/98,99
12th: 3A/98,99
13th: 3B/74,75
14th: 3B/134
15th: 3B/134
16th: 2B/72...3B/94,95
22nd: 1/108
51st: 2B/79,95
52nd: 2B/79,95

Robin Hood Battalion: *See 7th Sherwood Foresters*

Ross and Cromarty Mountain Battery: 1/120...3A/13,145

Rough Riders: *See City of London Yeomanry*

Royal Air Force, 4th Squadron: 1/114

Royal Anglesey Militia Field Company, 5th: 2B/118

Royal Berkshire Regiment
1st: 1/44
2nd: 1/92
1/4th: 2A/80,81
2/4th: 2B/36,37
5th: 3A/30,31
6th: 3A/82
7th: 3A/146,147
8th: 1/36...3A/82,83
9th: 3B/135

Royal Buckinghamshire Yeomanry
1/1st: 2A/4,12,13,32
2/1st: 2A/22,23

Royal Canadian Dragoons: 1/20

Royal Canadian Horse Artillery Brigade: 1/20

Royal Canadians: *See Leinster Regiment*

Royal 1st Devon Yeomanry, 2/1st: 2A/5,22

Royal Dragoons: *See 1st Dragoons*

Royal Dublin Fusiliers
1st: 1/120...3A/65
2nd: 1/60,112...2A/97...3A/64,65
6th: 2B/70...3A/14,15
7th: 3A/14,15,67
8th: 3A/64
9th: 3A/64
10th: 3A/63,67...3B/121

Royal East Kent Yeomanry, 2/1st: 2A/28

Royal Field Artillery Batteries (lettered)
D/1 (D/I): 1/100
D/12 (D/XII): 2B/79
A/15 (A/XV): 1/68
D/15 (D/XV): 1/68
D/17 (D/XVII): 1/120
D/20 (D/XX): 1/100
D/22 (D/XXII): 1/84
D/23 (D/XXIII): 1/52
D/25 (D/XXV): 1/36
D/31 (D/XXXI): 1/108
D/32 (D/XXXII): 1/60
D/33 (D/XXXIII): 1/92
D/36 (D/XXXVI): 1/44
D/38 (D/XXXVIII): 1/76
A/43 (A/XLIII): 2B/79
B/43 (B/XLIII): 2B/79
D/43 (D/XLIII): 2B/79
A/44 (A/XLIV): 2B/118
B/44 (B/XLIV): 2B/118
D/44 (D/XLIV): 2B/118
A/46 (A/XLVI): 3A/48,49
B/46 (B/XLVI): 3A/48,49
C/46 (C/XLVI): 3A/48,49
D/46 (D/XLVI): 3A/48,49
A/47 (A/XLVII): 3A/48,49
B/47 (B/XLVII): 3A/48,49
C/47 (C/XLVII): 3A/48,49
D/47 (D/XLVII): 3A/48,49
A/48 (A/XLVIII): 3A/48
B/48 (B/XLVIII): 3A/48
C/48 (C/XLVIII): 3A/48
D/48 (D/XLVIII): 3A/48
A/49 (A/XLIX): 2B/102...3A/48
B/49 (B/XLIX): 2B/102...3A/48
C/49 (C/XLIX): 3A/48
D/49 (D/XLIX): 3A/48
A/50 (A/L): 3A/6,7
B/50 (B/L): 3A/6,7
C/50 (C/L): 3A/6,7
D/50 (D/L): 3A/6,7
A/51 (A/LI): 3A/6,7
B/51 (B/LI): 3A/6,7
C/51 (C/LI): 3A/6,7
D/51 (D/LI): 3A/6,7
A/52 (A/LII): 3A/6
B/52 (B/LII): 3A/6
C/52 (C/LII): 3A/6
D/52 (D/LII): 3A/6
A/53 (A/LIII): 3A/6
B/53 (B/LIII): 3A/6
C/53 (C/LIII): 3A/6
D/53 (D/LIII): 3A/6
A/54 (A/LIV): 1/108,112...3A/14
B/54 (B/LIV): 1/108,112...3A/14
C/54 (C/LIV): 1/108,112...3A/14
D/54 (D/LIV): 3A/14
A/55 (A/LV): 3A/14,38,39
B/55 (B/LV): 3A/14,38,39
C/55 (C/LV): 3A/14,38,39
D/55 (D/LV): 3A/14,38
A/56 (A/LVI): 2A/112...3A/14,38
B/56 (B/LVI): 2A/112...3A/14,38
C/56 (C/LVI): 2A/112...3A/14,38
D/56 (D/LVI): 3A/14,38
A/57 (A/LVII): 3A/14,147

B/57 (B/LVII): 2A/143...3A/14,147...3B/64
C/57 (C/LVII): 2A/143...3A/14...3B/64
D/57 (D/LVII): 3A/14,147
A/58 (A/LVIII): 3A/22,23
B/58 (B/LVIII): 3A/22,23
C/58 (C/LVIII): 3A/22,23
D/58 (D/LVIII): 3A/22,23
A/59 (A/LIX): 3A/22,23
B/59 (B/LIX): 3A/22,23
C/59 (C/LIX): 3A/22,23
D/59 (D/LIX): 3A/22,23
A/60 (A/LX): 3A/22
B/60 (B/LX): 3A/22
C/60 (C/LX): 3A/22
D/60 (D/LX): 3A/22
A/61 (A/LXI): 1/28
B/61 (B/LXI): 1/28
C/61 (C/LXI): 1/28
D/61 (D/LXI): 1/28
A/62 (A/LXII): 3A/30,31
B/62 (B/LXII): 3A/30,31
C/62 (C/LXII): 3A/30,31
D/62 (D/LXII): 3A/30,31
A/63 (A/LXIII): 3A/30,31
B/63 (B/LXIII): 3A/30,31
C/63 (C/LXIII): 3A/30,31
D/63 (D/LXIII): 3A/30,31
A/64 (A/LXIV): 3A/30
B/64 (B/LXIV): 3A/30
C/64 (C/LXIV): 3A/30
D/64 (D/LXIV): 3A/30
A/65 (A/LXV): 3A/30
B/65 (B/LXV): 3A/30
C/65 (C/LXV): 3A/30
D/65 (D/LXV): 3A/30
A/66 (A/LXVI): 3A/38,39
B/66 (B/LXVI): 3A/38,39
C/66 (C/LXVI): 3A/38,39
D/66 (D/LXVI): 3A/38
A/67 (A/LXVII): 3A/14,15,38
B/67 (B/LXVII): 3A/14,15,38
C/67 (C/LXVII): 3A/14,15,38
D/67 (D/LXVII): 3A/14,38
A/68 (A/LXVIII): 3A/14,15,38
B/68 (B/LXVIII): 3A/14,15,38
C/68 (C/LXVIII): 3A/14,15,38
D/68 (D/LXVIII): 3A/14,38
A/69 (A/LXIX): 3A/38
B/69 (B/LXIX): 3A/38
C/69 (C/LXIX): 3A/38
D/69 (D/LXIX): 2A/112...3A/38
A/70 (A/LXX): 3A/56,57
B/70 (B/LXX): 3A/56,57
C/70 (C/LXX): 3A/56,57
D/70 (D/LXX): 3A/56,57
A/71 (A/LXXI): 3A/56,57
B/71 (B/LXXI): 3A/56,57
C/71 (C/LXXI): 3A/56,57
D/71 (D/LXXI): 3A/56,57
A/72 (A/LXXII): 3A/56
B/72 (B/LXXII): 3A/56
C/72 (C/LXXII): 3A/56
D/72 (D/LXXII): 3A/56
A/73 (A/LXXIII): 3A/56
B/73 (B/LXXIII): 3A/56
C/73 (C/LXXIII): 3A/56
D/73 (D/LXXIII): 3A/56
A/74 (A/LXXIV): 1/28...3A/64
B/74 (B/LXXIV): 1/28...3A/64
C/74 (C/LXXIV): 1/28...3A/64
D/74 (D/LXXIV): 1/28...3A/64
A/75 (A/LXXV): 1/28...3A/64
B/75 (B/LXXV): 1/28...3A/64
C/75 (C/LXXV): 1/28...3A/64
D/75 (D/LXXV): 1/28...3A/64
A/76 (A/LXXVI): 1/28...3A/64
B/76 (B/LXXVI): 1/28...3A/64
C/76 (C/LXXVI): 1/28...3A/64
D/76 (D/LXXVI): 1/28...3A/64
A/77 (A/LXXVII): 3A/64
B/77 (B/LXXVII): 3A/64
C/77 (C/LXXVII): 3A/64
D/77 (D/LXXVII): 3A/64
A/78 (A/LXXVIII): 3A/74,75
B/78 (B/LXXVIII): 3A/74,75
C/78 (C/LXXVIII): 3A/74,75
D/78 (D/LXXVIII): 3A/74,75
A/79 (A/LXXIX): 3A/74,75
B/79 (B/LXXIX): 3A/74,75
C/79 (C/LXXIX): 3A/74,75
D/79 (D/LXXIX): 3A/74,75
A/80 (A/LXXX): 3A/74
B/80 (B/LXXX): 3A/74
C/80 (C/LXXX): 3A/74
D/80 (D/LXXX): 3A/74
A/81 (A/LXXXI): 3A/74
B/81 (B/LXXXI): 3A/74
C/81 (C/LXXXI): 3A/74
D/81 (D/LXXXI): 3A/74
A/82 (A/LXXXII): 3A/82,83
B/82 (B/LXXXII): 3A/82,83
C/82 (C/LXXXII): 3A/82,83
D/82 (D/LXXXII): 3A/82,83
A/83 (A/LXXXIII): 3A/82,83
B/83 (B/LXXXIII): 3A/82,83
C/83 (C/LXXXIII): 3A/82,83

D/83 (D/LXXXIII): 3A/82,83
A/84 (A/LXXXIV): 3A/82
B/84 (B/LXXXIV): 3A/82
C/84 (C/LXXXIV): 3A/82
D/84 (D/LXXXIV): 3A/82
A/85 (A/LXXXV): 3A/82
B/85 (B/LXXXV): 3A/82
C/85 (C/LXXXV): 3A/82
D/85 (D/LXXXV): 3A/82
A/86 (A/LXXXVI): 3A/90
B/86 (B/LXXXVI): 3A/90
C/86 (C/LXXXVI): 3A/90
D/86 (D/LXXXVI): 3A/90
A/87 (A/LXXXVII): 3A/90,91
B/87 (B/LXXXVII): 3A/90,91
C/87 (C/LXXXVII): 3A/90,91
D/87 (D/LXXXVII): 3A/90,91
A/88 (A/LXXXVIII): 3A/90,91
B/88 (B/LXXXVIII): 3A/90,91
C/88 (C/LXXXVIII): 3A/90,91
D/88 (D/LXXXVIII): 3A/90,91
A/89 (A/LXXXIX): 3A/90
B/89 (B/LXXXIX): 3A/90
C/89 (C/LXXXIX): 3A/90
D/89 (D/LXXXIX): 3A/90
A/90 (A/XC): 3A/98
B/90 (B/XC): 3A/98
C/90 (C/XC): 3A/98
D/90 (D/XC): 3A/98
A/91 (A/XCI): 3A/98,99
B/91 (B/XCI): 3A/98,99
C/91 (C/XCI): 3A/98,99
D/91 (D/XCI): 3A/98,99
A/92 (A/XCII): 3A/98,99
B/92 (B/XCII): 3A/98,99
C/92 (C/XCII): 3A/98,99
D/92 (D/XCII): 3A/98,99
A/93 (A/XCIII): 3A/98
B/93 (B/XCIII): 3A/98
C/93 (C/XCIII): 3A/98
D/93 (D/XCIII): 3A/98
A/94 (A/XCIV): 3A/106,107
B/94 (B/XCIV): 3A/106,107
C/94 (C/XCIV): 3A/106,107
D/94 (D/XCIV): 3A/106,107
A/95 (A/XCV): 3A/106,107
B/95 (B/XCV): 3A/106,107
C/95 (C/XCV): 3A/106,107
D/95 (D/XCV): 3A/106,107
A/96 (A/XCVI): 3A/106
B/96 (B/XCVI): 3A/106
C/96 (C/XCVI): 3A/106
D/96 (D/XCVI): 3A/106

A/97 (A/XCVII): 3A/106
B/97 (B/XCVII): 3A/106
C/97 (C/XCVII): 3A/106
D/97 (D/XCVII): 3A/106
A/98 (A/XCVIII): 3A/114,115
B/98 (B/XCVIII): 3A/114,115
C/98 (C/XCVIII): 3A/114
D/98 (D/XCVIII): 3A/114,115
A/99 (A/XCIX): 3A/114,115
B/99 (B/XCIX): 3A/114,115
C/99 (C/XCIX): 3A/114
D/99 (D/XCIX): 3A/114,115
A/100 (A/C): 3A/114,115
B/100 (B/C): 3A/114,115
C/100 (C/C): 3A/114,115
D/100 (D/C): 3A/114
A/101 (A/CI): 3A/114,115
B/101 (B/CI): 3A/114,115
C/101 (C/CI): 3A/114
D/101 (D/CI): 3A/114,115
A/102 (A/CII): 3A/122,123
B/102 (B/CII): 3A/122,123
C/102 (C/CII): 3A/122,123
D/102 (D/CII): 3A/122,123
A/103 (A/CIII): 3A/122,123
B/103 (B/CIII): 3A/122,123
C/103 (C/CIII): 3A/122,123
D/103 (D/CIII): 3A/122,123
A/104 (A/CIV): 3A/122
B/104 (B/CIV): 3A/122
C/104 (C/CIV): 3A/122
D/104 (D/CIV): 3A/122
A/105 (A/CV): 3A/122
B/105 (B/CV): 3A/122
C/105 (C/CV): 3A/122
D/105 (D/CV): 3A/122
A/106 (A/CVI): 3A/130,131
B/106 (B/CVI): 3A/130,131
C/106 (C/CVI): 3A/130,131
D/106 (D/CVII): 3A/130,131
A/107 (A/CVII): 3A/130,131
B/107 (B/CVII): 3A/130,131
C/107 (C/CVII): 3A/130,131
D/107 (D/CVII): 3A/130,131
A/108 (A/CVIII): 3A/130
B/108 (B/CVIII): 3A/130
C/108 (C/CVIII): 3A/130
D/108 (D/CVIII): 3A/130
A/109 (A/CIX): 3A/130
B/109 (B/CIX): 3A/130
C/109 (C/CIX): 3A/130
D/109 (D/CIX): 3A/130
A/110 (A/CX): 3A/138,139

B/110 (B/CX): 3A/138,139
C/110 (C/CX): 3A/138,139
D/110 (D/CX): 3A/138,139
A/111 (A/CXI): 3A/138
B/111 (B/CXI): 3A/138
C/111 (C/CXI): 3A/138
D/111 (D/CXI): 3A/138
A/112 (A/CXII): 3A/138,139
B/112 (B/CXII): 3A/138,139
C/112 (C/CXII): 3A/138,139
D/112 (D/CXII): 3A/138,139
A/113 (A/CXIII): 3A/138
B/113 (B/CXIII): 3A/138
C/113 (C/CXIII): 3A/138
D/113 (D/CXIII): 3A/138
A/114 (A/CXIV): 3A/146,147
B/114 (B/CXIV): 3A/146,147
C/114 (C/CXIV): 3A/146,147
D/114 (D/CXIV): 3A/146
A/115 (A/CXV): 3A/146,147
B/115 (B/CXV): 3A/146,147
C/115 (C/CXV): 3A/146
D/115 (D/CXV): 3A/146,147
A/116 (A/CXVI): 3A/146,147
B/116 (B/CXVI): 3A/146,147
C/116 (C/CXVI): 3A/146
D/116 (D/CXVI): 3A/146,147
A/117 (A/CXVII): 2B/118...3A/146
B/117 (B/CXVII): 2B/118...3A/146
C/117 (C/CXVII): 2B/118...3A/146
D/117 (D/XXVII): 2B/118...3A/146
A/118 (A/CXVIII): 3B/133
B/118 (B/CXVIII): 3B/133
C/118 (C/CXVIII): 3B/133
D/118 (D/CXVIII): 3B/133
A/119 (A/CXIX): 3B/84,133
B/119 (B/CXIX): 3B/84,133
C/119 (C/CXIX): 3B/84,133
D/119 (D/CXIX): 3B/84,133
A/120 (A/CXX): 3B/84,133
B/120 (B/CXX): 3B/84,133
C/120 (C/CXX): 3B/84,133
D/120 (D/CXX): 3B/84,133
A/121 (A/CXXI): 3B/84,85,133
B/121 (B/CXXI): 3B/84,85,133
C/121 (C/CXXI): 3B/84,85,133
D/121 (D/CXXI): 3B/84,85,133
A/122 (A/CXXII): 3B/84,85,134
B/122 (B/CXXII): 3B/84,85,134
C/122 (C/CXXII): 3B/84,85,134
D/122 (D/CXXII): 3B/84,85,134
A/123 (A/CXXIII): 3B/74,75,134
B/123 (B/CXXIII): 3B/74,75,134
C/123 (C/CXXIII): 3B/74,75,134
D/123 (D/CXXIII): 3B/74,75,134
A/124 (A/CXXIV): 3B/74,75,134
B/124 (B/CXXIV): 3B/74,75,134
C/124 (C/CXXIV): 3B/74,75,134
D/124 (D/CXXIV): 3B/74,75,134
A/125 (A/CXXV): 3B/74,134
B/125 (B/CXXV): 3B/74,134
C/125 (C/CXXV): 3B/74,134
D/125 (D/CXXV): 3B/74,134
A/126 (A/CXXVI): 3B/74,135
B/126 (B/CXXVI): 3B/74,135
C/126 (C/CXXVI): 3B/74,135
D/126 (D/CXXVI): 3B/74,135
A/127 (A/CXXVII): 3B/135
B/127 (B/CXXVII): 3B/135
C/127 (C/CXXVII): 3B/135
D/127 (D/CXXVII): 3B/135
A/128 (A/CXXVIII): 3B/135
B/128 (B/CXXVIII): 3B/135
C/128 (C/CXXVIII): 3B/135
D/128 (D/CXXVIII): 3B/135
A/129 (A/CXXIX): 1/100...3B/135
B/129 (B/CXXIX): 1/100...3B/135
C/129 (C/CXXIX): 1/100...3B/135
D/129 (D/CXXIX): 1/100...3B/135
A/130 (A/CXXX): 1/108...3B/136
B/130 (B/CXXX): 1/108...3B/136
C/130 (C/CXXX): 1/108...3B/136
D/130 (D/CXXX): 1/108,112...3B/136
A/131 (A/CXXXI): 3B/136
B/131 (B/CXXXI): 3B/136
C/131 (C/CXXXI): 3B/136
D/131 (D/CXXXI): 3B/136
A/132 (A/CXXXII): 3B/136
B/132 (B/CXXXII): 3B/136
C/132 (C/CXXXII): 3B/136
D/132 (D/CXXXII): 1/120...3B/136
A/133 (A/CXXXIII): 3A/22...3B/136
B/133 (B/CXXXIII): 3A/22...3B/136
C/133 (C/CXXXIII): 3A/22...3B/136
D/133 (D/CXXXIII): 3B/136
A/134 (A/CXXXIV): 3B/137
B/134 (B/CXXXIV): 3B/137
C/134 (C/CXXXIV): 3B/137
D/134 (D/CXXXIV): 3B/137
A/135 (A/CXXXV): 3B/137
B/135 (B/CXXXV): 3B/137
C/135 (C/CXXXV): 3B/137
D/135 (D/CXXXV): 3B/137
A/136 (A/CXXXVI): 3B/137
B/136 (B/CXXXVI): 3B/137
C/136 (C/CXXXVI): 3B/137

D/136 (D/CXXXVI): 3B/137
A/137 (A/CXXXVII): 3B/137
B/137 (B/CXXXVII): 3B/137
C/137 (C/CXXXVII): 3B/137
D/137 (D/CXXXVII): 3B/137
A/138 (A/CXXXVIII): 3B/138
B/138 (B/CXXXVIII): 3B/138
C/138 (C/CXXXVIII): 3B/138
D/138 (D/CXXXVIII): 3B/138
A/139 (A/CXXXIX): 3B/138
B/139 (B/CXXXIX): 3B/138
C/139 (C/CXXXIX): 3B/138
D/139 (D/CXXXIX): 3B/138
A/140 (A/CXL): 3B/138
B/140 (B/CXL): 3B/138
C/140 (C/CXL): 3B/138
D/140 (D/CXL): 3B/138
A/141 (A/CXLI): 3B/138
B/141 (B/CXLI): 3B/138
C/141 (C/CXLI): 3B/138
D/141 (D/CXLI): 3B/138
D/146 (D/CXLVI): 1/108
D/147 (D/CXLVII): 1/120
A/148 (A/CXLVIII): 3B/4,5
B/148 (B/CXLVIII): 3B/4,5
C/148 (C/CXLVIII): 3B/4,5
D/148 (D/CXLVIII): 3B/4,5
A/149 (A/CXLIX): 3B/4,5
B/149 (B/CXLIX): 3B/4,5
C/149 (C/CXLIX): 3B/4,5
D/149 (D/CXLIX): 3B/4,5
A/150 (A/CL): 3B/4
B/150 (B/CL): 3B/4
C/150 (C/CL): 3B/4
D/150 (D/CL): 3B/4
A/151 (A/CLI): 3B/4
B/151 (B/CLI): 3B/4
C/151 (C/CLI): 3B/4
D/151 (D/CLI): 3B/4
A/152 (A/CLII): 3B/44,45
B/152 (B/CLII): 3B/44,45
C/152 (C/CLII): 3B/44,45
D/152 (D/CLII): 3B/44,45
A/153 (A/CLIII): 3B/64,65
B/153 (B/CLIII): 3B/64,65
C/153 (C/CLIII): 3B/64,65
D/153 (D/CLIII): 3B/64,65
A/154 (A/CLIV): 3B/64
B/154 (B/CLIV): 3B/64
C/154 (C/CLIV): 3B/64
D/154 (D/CLIV): 3B/64
A/155 (A/CLV): 3B/14,24
B/155 (B/CLV): 3B/14,24

C/155 (C/CLV): 3B/14,24
D/155 (D/CLV): 3B/14,24
A/156 (A/CLVI): 3B/34,35
B/156 (B/CLVI): 3B/34,35
C/156 (C/CLVI): 3B/34,35
D/156 (D/CLVI): 3B/34,35
A/157 (A/CLVII): 3B/54,55
B/157 (B/CLVII): 3B/54,55
C/157 (C/CLVII): 3B/54,55
D/157 (D/CLVII): 3B/54,55
A/158 (A/CLVIII): 3B/54
B/158 (B/CLVIII): 3B/54
C/158 (C/CLVIII): 3B/54
D/158 (D/CLVIII): 3B/54
A/159 (A/CLIX): 3B/54,55
B/159 (B/CLIX): 3B/54,55
C/159 (C/CLIX): 3B/54,55
D/159 (D/CLIX): 3B/54,55
A/160 (A/CLX): 3B/44,45
B/160 (B/CLX): 3B/44,45
C/160 (C/CLX): 3B/44,45
D/160 (D/CLX): 3B/44,45
A/161 (A/CLXI): 3B/14,24,25
B/161 (B/CLXI): 3B/14,24,25
C/161 (C/CLXI): 3B/14,24,25
D/161 (D/CLXI): 3B/14,24,25
A/162 (A/CLXII): 3B/34,35
B/162 (B/CLXII): 3B/34,35
C/162 (C/CLXII): 3B/34,35
D/162 (D/CLXII): 3B/34,35
A/163 (A/CLXIII): 3B/54
B/163 (B/CLXIII): 3B/54
C/163 (C/CLXIII): 3B/54
D/163 (D/CLXIII): 3B/54
A/164 (A/CLXIV): 3B/14,24
B/164 (B/CLXIV): 3B/14,24
C/164 (C/CLXIV): 3B/14,24
D/164 (D/CLXIV): 3B/14,24
A/165 (A/CLXV): 3B/14,15,24
B/165 (B/CLXV): 3B/14,15,24
C/165 (C/CLXV): 3B/14,15,24
D/165 (D/CLXV): 3B/14,15,24
A/166 (A/CLXVI): 3B/34
B/166 (B/CLXVI): 3B/34
C/166 (C/CLXVI): 3B/34
D/166 (D/CLXVI): 3B/34
A/167 (A/CLXVII): 3B/34
B/167 (B/CLXVII): 3B/34
C/167 (C/CLXVII): 3B/34
D/167 (D/CLXVII): 3B/34
A/168 (A/CLXVIII): 3B/14,24,25
B/168 (B/CLXVIII): 3B/14,24,25
C/168 (C/CLXVIII): 3B/14,24,25

D/168 (D/CLXVIII): 3B/14,24,25
A/169 (A/CLXIX): 3B/14,24
B/169 (B/CLXIX): 3B/14,24
C/169 (C/CLXIX): 3B/14,24
D/169 (D/CLXIX): 3B/14,24
A/170 (A/CLXX): 3B/14,15,24
B/170 (B/CLXX): 3B/14,15,24
C/170 (C/CLXX): 3B/14,15,24
D/170 (D/CLXX): 3B/14,15,24
A/171 (A/CLXXI): 3B/14,24
B/171 (B/CLXXI): 3B/14,24
C/171 (C/CLXXI): 3B/14,24
D/171 (D/CLXXI): 3B/14,24
A/172 (A/CLXXII): 3B/64
B/172 (B/CLXXII): 3B/64
C/172 (C/CLXXII): 3B/64
D/172 (D/CLXXII): 3B/64
A/173 (A/CLXXIII): 3B/64,65
B/173 (B/CLXXIII): 3B/64,65
C/173 (C/CLXXIII): 3B/64,65
D/173 (D/CLXXIII): 3B/64,65
A/174 (A/CLXXIV): 3B/94,95
B/174 (B/CLXXIV): 3B/94,95
C/174 (C/CLXXIV): 3B/94,95
D/174 (D/CLXXIV): 3B/94,95
A/175 (A/CLXXV): 3B/44
B/175 (B/CLXXV): 3B/44
C/175 (C/CLXXV): 3B/44
D/175 (D/CLXXV): 3B/44
A/176 (A/CLXXVI): 3B/44
B/176 (B/CLXXVI): 3B/44
C/176 (C/CLXXVI): 3B/44
D/176 (D/CLXXVI): 3B/44
A/177 (A/CLXXVII): 3A/64,65
B/177 (B/CLXXVII): 3A/64,65
C/177 (C/CLXXVII): 3A/64,65
D/177 (D/CLXXVII): 3A/64,65
A/178 (A/CLXXVIII): 3B/102,103
B/178 (B/CLXXVIII): 3B/102,103
C/178 (C/CLXXVIII): 3B/102,103
D/178 (D/CLXXVIII): 3B/102,103
A/179 (A/CLXXIX): 3B/94
B/179 (B/CLXXIX): 3B/94
C/179 (C/CLXXIX): 3B/94
D/179 (D/CLXXIX): 3B/94
A/180 (A/CLXXX): 3A/64,65
B/180 (B/CLXXX): 3A/64,65
C/180 (C/CLXXX): 3A/64,65
D/180 (D/CLXXX): 3A/64,65
A/181 (A/CLXXXI): 3B/102,103
B/181 (B/CLXXXI): 3B/102,103
C/181 (C/CLXXXI): 3B/102,103
D/181 (D/CLXXXI): 3B/102,103

A/182 (A/CLXXXII): 3A/64
B/182 (B/CLXXXII): 3A/64
C/182 (C/CLXXXII): 3A/64
D/182 (D/CLXXXII): 3A/64
A/183 (A/CLXXXIII): 3B/110
B/183 (B/CLXXXIII): 3B/110
C/183 (C/CLXXXIII): 3B/110
D/183 (D/CLXXXIII): 3B/110
A/184 (A/CLXXXIV): 3B/94
B/184 (B/CLXXXIV): 3B/94
C/184 (C/CLXXXIV): 3B/94
D/184 (D/CLXXXIV): 3B/94
A/185 (A/CLXXXV): 3B/102
B/185 (B/CLXXXV): 3B/102
C/185 (C/CLXXXV): 3B/102
D/185 (D/CLXXXV): 3B/102
A/186 (A/CLXXXVI): 3B/94,95
B/186 (B/CLXXXVI): 3B/94,95
C/186 (C/CLXXXVI): 3B/94,95
D/186 (D/CLXXXVI): 3B/94,95
A/187 (A/CLXXXVII): 3B/110,111
B/187 (B/CLXXXVII): 3B/110,111
C/187 (C/CLXXXVII): 3B/110,111
D/187 (D/CLXXXVII): 3B/110,111
A/188 (A/CLXXXVIII): 3B/102
B/188 (B/CLXXXVIII): 3B/102
C/188 (C/CLXXXVIII): 3B/102
D/188 (D/CLXXXVIII): 3B/102
A/189 (A/CLXXXIX): 3B/110
B/189 (B/CLXXXIX): 3B/110
C/189 (C/CLXXXIX): 3B/110
D/189 (D/CLXXXIX): 3B/110
A/190 (A/CXC): 3B/110,111
B/190 (B/CXC): 3B/110,111
C/190 (C/CXC): 3B/110,111
D/190 (D/CXC): 3B/110,111
A/210 (A/CCX): 2A/38
B/210 (B/CCX): 2A/38
C/210 (C/CCX): 2A/38
D/210 (D/CCX): 2A/38
A/211 (A/CCXI): 2A/38
B/211 (B/CCXI): 2A/38
C/211 (C/CCXI): 2A/38
D/211 (D/CCXI): 2A/38
A/212 (A/CCXII): 2A/38
B/212 (B/CCXII): 2A/38
C/212 (C/CCXII): 2A/38
A/213 (A/CCXIII): 2A/38
B/213 (B/CCXIII): 2A/38
A/223 (A/CCXXIII): 3B/121
B/223 (B/CCXXIII): 3B/121
C/223 (C/CCXXIII): 3B/121
D/223 (D/CCXXIII): 3B/121

A/230 (A/CCXXX): 2A/64
B/230 (B/CCXXX): 2A/64
C/230 (C/CCXXX): 2A/64
D/230 (D/CCXXX): 2A/64
A/231 (A/CCXXXI): 2A/64
B/231 (B/CCXXXI): 2A/64
C/231 (C/CCXXXI): 2A/64
D/231 (D/CCXXXI): 2A/64
A/232 (A/CCXXXII): 2A/64
B/232 (B/CCXXXII): 2A/64
C/232 (C/CCXXXII): 2A/64
D/232 (D/CCXXXII): 2A/64
A/233 (A/CCXXXIII): 2A/64
B/233 (B/CCXXXIII): 2A/64
C/233 (C/CCXXXIII): 2A/64
A/235 (A/CCXXXV): 2A/72
B/235 (B/CCXXXV): 2A/72
C/235 (C/CCXXXV): 2A/72
D/235 (D/CCXXXV): 2A/72
A/236 (A/CCXXXVI): 2A/72
B/236 (B/CCXXXVI): 2A/72
C/236 (C/CCXXXVI): 2A/72
D/236 (D/CCXXXVI): 2A/72
A/237 (A/CCXXXVII): 2A/72
B/237 (B/CCXXXVII): 2A/72
C/237 (C/CCXXXVII): 2A/72
B/238 (A/CCXXXVIII): 2A/72
C/238 (C/CCXXXVIII): 2A/72
D/238 (D/CCXXXVIII): 2A/72
A/240 (A/CCXL): 2A/80,81
B/240 (B/CCXL): 2A/80,81
C/240 (C/CCXL): 2A/80,81
D/240 (D/CCXL): 2A/80,81
A/241 (A/CCXLI): 2A/80,81
B/241 (B/CCXLI): 2A/80,81
C/241 (C/CCXLI): 2A/80,81
D/241 (D/CCXLI): 2A/80,81
A/242 (A/CCXLII): 2A/80
B/242 (B/CCXLII): 2A/80
C/242 (C/CCXLII): 2A/80
D/242 (D/CCXLII): 2A/80
A/243 (A/CCXLIII): 2A/80
B/243 (B/CCXLIII): 2A/80
C/243 (C/CCXLIII): 2A/80
A/245 (A/CCXLV): 2A/88
B/245 (B/CCXLV): 2A/88
C/245 (C/CCXLV): 2A/88
D/245 (D/CCXLV): 2A/88
A/246 (A/CCXLVI): 2A/88
B/246 (B/CCXLVI): 2A/88
C/246 (C/CCXLVI): 2A/88
D/246 (D/CCXLVI): 2A/88
A/247 (A/CCXLVII): 2A/88

B/247 (B/CCXLVII): 2A/88
C/247 (C/CCXLVII): 2A/88
D/247 (D/CCXLVII): 2A/88
A/248 (A/CCXLVIII): 2A/88
B/248 (B/CCXLVIII): 2A/88
C/248 (C/CCXLVIII): 2A/88
A/250 (A/CCL): 2A/96,97
B/250 (B/CCL): 2A/96,97
C/250 (C/CCL): 2A/96,97
D/250 (D/CCL): 2A/96,97
A/251 (A/CCLI): 2A/96,97
B/251 (B/CCLI): 2A/96,97
C/251 (C/CCLI: 2A/96,97
D/251 (D/CCLI): 2A/96,97
A/252 (A/CCLII): 2A/96
B/252 (B/CCLII): 2A/96
C/252 (C/CCLII): 2A/96
D/252 (D/CCLII): 2A/96
A/253 (A/CCLIII): 2A/96
B/253 (B/CCLIII): 2A/96
C/253 (C/CCLIII): 2A/96
A/255 (A/CCLV): 2A/104,105
B/255 (B/CCLV): 2A/104,105
C/255 (C/CCLV): 2A/104,105
D/255 (D/CCLV): 2A/104,105
A/256 (A/CCLVI): 2A/104,105
B/256 (B/CCLVI): 2A/104,105
C/256 (C/CCLVI): 2A/104,105
D/256 (D/CCLVI): 2A/104,105
A/258 (A/CCLVIII): 2A/104
B/258 (B/CCLVIII): 2A/104
C/258 (C/CCLVIII): 2A/104
A/260 (A/CCLX): 2A/104
B/260 (B/CCLX): 2A/104
C/260 (C/CCLX): 2A/104
D/260 (D/CCLX): 2A/104
A/261 (A/CCLXI): 2A/112
B/261 (B/CCLXI): 2A/112
C/261 (C/CCLXI): 2A/112
A/262 (A/CCLXII): 2A/112
B/262 (B/CCLXII): 2A/112
C/262 (C/CCLXII): 2A/112
A/263 (A/CCLXIII): 2A/112
B/263 (B/CCLXIII): 2A/112
C/263 (C/CCLXIII): 3A/15
A/264 (A/CCLXIV): 2A/112
B/264 (B/CCLXIV)): 2A/112
C/264 (C/CCLXIV): 2A/112
A/265 (A/CCLXV): 2A/120
B/265 (B/CCLXV): 2A/120
C/265 (C/CCLXV): 2A/120
A/266 (A/CCLXVI): 2A/120
B/266 (B/CCLXVI): 2A/120

C/266 (C/CCLXVI): 2A/120
A/267 (A/CCLXVII): 2A/120
B/267 (B/CCLXVII): 2A/120
A/268 (A/CCLXVIII): 2B/118
B/268 (B/CCLXVIII): 2B/118
C/268 (C/CCLXVIII): 2B/118
A/270 (A/CCLXX): 2A/128
B/270 (B/CCLXX): 2A/128
C/270 (C/CCLXX): 2A/128
A/271 (A/CCLXXI): 2A/128
B/271 (B/CCLXXI): 2A/128
A/272 (A/CCLXXII): 2A/128
B/272 (B/CCLXXII): 2A/128
C/272 (C/CCLXXII): 2A/128
A/275 (A/CCLXXV): 2A/136
B/275 (B/CCLXXV): 2A/136
C/275 (C/CCLXXV): 2A/136
D/275 (D/CCLXXV): 2A/136
A/276 (A/CCLXXVI): 2A/136
B/276 (B/CCLXXVI): 2A/136
C/276 (C/CCLXXVI): 2A/136
D/276 (D/CCLXXVI): 2A/136
A/277 (A/CCLXXVII): 2A/136
B/277 (B/CCLXXVII): 2A/136
C/277 (C/CCLXXVII): 2A/136
D/277 (D/CCLXXVII): 2A/136
A/278 (A/CCLXXVIII): 2A/136
B/278 (B/CCLXXVIII): 2A/136
C/278 (C/CCLXXVIII): 2A/136
A/280 (A/CCLXXX): 2A/144
B/280 (B/CCLXXX): 2A/144
C/280 (C/CCLXXX): 2A/144
D/280 (D/CCLXXX): 2A/144
A/281 (A/CCLXXXI): 2A/144
B/281 (B/CCLXXXI): 2A/144
C/281 (C/CCLXXXI): 2A/144
D/281 (D/CCLXXXI): 2A/144
A/282 (A/CCLXXXII): 2A/144
B/282 (B/CCLXXXII): 2A/144
C/282 (C/CCLXXXII): 2A/144
D/282 (D/CCLXXXII): 2A/144
A/283 (A/CCLXXXIII): 2A/144
B/283 (B/CCLXXXIII): 2A/144
C/283 (C/CCLXXXIII): 2A/144
A/285 (A/CCLXXXV): 2B/4
B/285 (B/CCLXXXV): 2B/4
C/285 (C/CCLXXXV): 2B/4
D/285 (D/CCLXXXV): 2B/4
A/286 (A/CCLXXXVI): 2B/4
B/286 (B/CCLXXXVI): 2B/4
C/286 (C/CCLXXXVI): 2B/4
D/286 (D/CCLXXXVI): 2B/4
A/287 (A/CCLXXXVII): 2B/4

B/287 (B/CCLXXXVII): 2B/4
C/287 (C/CCLXXXVII): 2B/4
D/287 (D/CCLXXXVII): 2B/4
A/290 (A/CCXC): 2B/12,13
B/290 (B/CCXC): 2B/12,13
C/290 (C/CCXC): 2B/12,13
D/290 (D/CCXC): 2B/12,13
A/291 (A/CCXCI): 2B/12,13
B/291 (B/CCXCI): 2B/12,13
C/291 (C/CCXCI): 2B/12,13
D/291 (D/CCXCI): 2B/12,13
A/293 (A/CCXCIII): 2B/12
B/293 (B/CCXCIII): 2B/12
C/293 (C/CCXCIII): 2B/12
D/293 (D/CCXCIII): 2B/12
A/295 (A/CCXCV): 2B/20
B/295 (B/CCXCV): 2B/20
C/295 (C/CCXCV): 2B/20
D/295 (D/CCXCV): 2B/20
A/296 (A/CCXCVI): 2B/20
B/296 (B/CCXCVI): 2B/20
C/296 (C/CCXCVI): 2B/20
D/296 (D/CCXCVI): 2B/20
A/297 (A/CCXCVII): 2B/20
B/297 (B/CCXCVII): 2B/20
C/297 (C/CCXCVII): 2B/20
D/297 (D/CCXCVII): 2B/20
A/298 (A/CCXCVIII): 2B/20
B/298 (B/CCXCVIII): 2B/20
C/298 (C/CCXCVIII): 2B/20
A/300 (A/CCC): 2B/28
B/300 (B/CCC): 2B/28
C/300 (C/CCC): 2B/28
D/300 (D/CCC): 2B/28
A/301 (A/CCCI): 2B/28,29
B/301 (B/CCCI): 2B/28,29
C/301 (C/CCCI): 2B/28,29
D/301 (C/CCCI): 2B/28
A/302 (A/CCCII): 2B/28,29
B/302 (B/CCCII): 2B/28,29
C/302 (C/CCCII): 2B/28,29
D/302 (D/CCCII): 2B/28
A/303 (A/CCCIII): 2B/28,29
B/303 (B/CCCIII): 2B/28,29
C/303 (C/CCCIII): 2B/28,29
D/303 (D/CCCIII): 2B/28
A/305 (A/CCCV): 2B/36
B/305 (B/CCCV): 2B/36
C/305 (C/CCCV): 2B/36
A/306 (A/CCCVI): 2B/36,37
B/306 (B/CCCVI): 2B/36,37
C/306 (C/CCCVI): 2B/36,37
D/306 (D/CCCVI): 2B/36,37

A/307 (A/CCCVII): 2B/36,37
B/307 (B/CCCVII): 2B/36,37
C/307 (C/CCCVII): 2B/36,37
D/307 (D/CCCVII): 2B/36,37
A/308 (A/CCCVIII): 2B/36
B/308 (B/CCCVIII): 2B/36
C/308 (C/CCCVIII): 2B/36
D/308 (D/CCCVIII): 2B/36
A/310 (A/CCCX): 2B/44
B/310 (B/CCCX): 2B/44
C/310 (C/CCCX): 2B/44
D/310 (D/CCCX): 2B/44
A/311 (A/CCCXI): 2B/44
B/311 (B/CCCXI): 2B/44
C/311 (C/CCCXI): 2B/44
D/311 (D/CCCXI): 2B/44
A/312 (A/CCCXII): 2B/44
B/312 (B/CCCXII): 2B/44
C/312 (C/CCCXII): 2B/44
D/312 (D/CCCXII): 2B/44
A/315 (A/CCCXV): 2B/52...3B/121
B/315 (B/CCCXV): 2B/52...3B/121
C/315 (C/CCCXV): 2B/52...3B/121
D/315 (D/CCCXV): 2B/52...3B/121
A/316 (A/CCCXVI): 2B/52...3B/121
B/316 (B/CCCXVI): 2B/52...3B/121
C/316 (C/CCCXVI): 2B/52...3B/121
D/316 (D/CCCXVI): 2B/52...3B/121
A/317 (A/CCCXVII): 2B/52...3B/121
B/317 (B/CCCXVII): 2B/52...3B/121
C/317 (C/CCCXVII): 2B/52...3B/121
D/317 (D/CCCXVII): 3B/121
A/318 (A/CCCXVIII): 2B/52
B/318 (B/CCCXVIII): 2B/52
C/318 (C/CCCXVIII): 2B/52
A/320 (A/CCCXX): 2B/56,57
B/320 (B/CCCXX): 2B/56,57
C/320 (C/CCCXX): 2B/56,57
D/320 (D/CCCXX): 2B/56,57
A/321 (A/CCCXXI): 2B/56,57
B/321 (B/CCCXXI): 2B/56,57
C/321 (C/CCCXXI): 2B/56,57
D/321 (D/CCCXXI): 2B/56,57
A/323 (A/CCCXXIII): 2B/56
B/323 (B/CCCXXIII): 2B/56
C/323 (C/CCCXXIII): 2B/56
A/325 (A/CCCXXV): 2B/62,63
B/325 (B/CCCXXV): 2B/62,63
C/325 (C/CCCXXV): 2B/62,63
D/325 (D/CCCXXV): 2B/62,63
A/326 (A/CCCXXVI): 2B/62,63
B/326 (B/CCCXXVI): 2B/62,63
C/326 (C/CCCXXVI): 2B/62,63

D/326 (D/CCCXXVI): 2B/62,63
A/327 (A/CCCXXVII): 2B/62
B/327 (B/CCCXXVII): 2B/62
C/327 (C/CCCXXVII): 2B/62
A/328 (A/CCCXXVIII): 2B/62
B/328 (B/CCCXXVIII): 2B/62
A/330 (A/CCCXXX): 2B/70
B/330 (B/CCCXXX): 2B/70
C/330 (C/CCCXXX): 2B/70
D/330 (D/CCCXXX): 2B/70
A/331 (A/CCCXXXI): 2B/70
B/331 (B/CCCXXXI): 2B/70
C/331 (C/CCCXXXI): 2B/70
D/331 (D/CCCXXXI): 2B/70
A/332 (A/CCCXXXII): 2B/70
B/332 (B/CCCXXXII): 2B/70
C/332 (C/CCCXXXII): 2B/70
D/332 (D/CCCXXXII): 2B/70
A/335 (A/CCCXXXV): 2B/78
B/335 (B/CCCXXXV): 2B/78
C/335 (C/CCCXXXV): 2B/78
D/335 (D/CCCXXXV): 2B/78
A/336 (A/CCCXXXVI): 2B/78,79
B/336 (B/CCCXXXVI): 2B/78,79
C/336 (C/CCCXXXVI): 2B/78,79
D/336 (D/CCCXXXVI): 2B/78,79
A/337 (A/CCCXXXVII): 2B/78,79
B/337 (B/CCCXXXVII): 2B/78,79
C/337 (C/CCCXXXVII): 2B/78,79
D/337 (D/CCCXXXVII): 2B/78,79
A/338 (A/CCCXXXVIII): 2B/78
B/338 (B/CCCXXXVIII): 2B/78
A/340 (A/CCCXL): 2B/86
B/340 (B/CCCXL): 2B/86
A/341 (A/CCCXLI): 2B/86
B/341 (B/CCCXLI): 2B/86
C/341 (C/CCCXLI): 2B/86
A/342 (A/CCCXLII): 2B/86,87
B/342 (B/CCCXLII): 2B/86,87
C/342 (C/CCCXLII): 2B/86,87
D/342 (D/CCCXLII): 2B/86,87
A/343 (A/CCCXLIII): 2B/86,87
B/343 (B/CCCXLIII): 2B/86,87
C/343 (C/CCCXLIII): 2B/86,87
D/343 (D/CCCXLIII): 2B/86,87
A/345 (A/CCCXLV): 2B/94
B/345 (B/CCCXLV): 2B/94
C/345 (C/CCCXLV): 2B/94
D/345 (D/CCCXLV): 2B/94
A/346 (A/CCCXLVI): 2B/94,95
B/346 (B/CCCXLVI): 2B/94,95
C/346 (C/CCCXLVI): 2B/94,95
D/346 (D/CCCXLVI): 2B/94,95

A/347 (A/CCCXLVII): 2B/94
B/347 (B/CCCXLVII): 2B/94
A/348 (A/CCCXLVIII): 2B/94,95
B/348 (B/CCCXLVIII): 2B/94,95
C/348 (C/CCCXLVIII): 2B/94,95
D/348 (D/CCCXLVIII): 2B/94,95
A/350 (A/CCCL): 2B/102
B/350 (B/CCCL): 2B/102
C/350 (C/CCCL): 2B/102
A/351 (A/CCCLI): 2B/102
B/351 (B/CCCLI): 2B/102
C/351 (C/CCCLI): 2B/102
A/352 (A/CCCLII): 2B/108
B/352 (B/CCCLII): 2B/108
C/352 (C/CCCLII): 2B/108
A/353 (A/CCCLIII): 2B/108
B/353 (B/CCCLIII): 2B/108
C/353 (C/CCCLIII): 2B/108
A/354 (A/CCCLIV): 2B/114
B/354 (B/CCCLIV): 2B/114,115
C/354 (C/CCCLIV): 2B/114,115
A/355 (A/CCCLV): 2B/114,115
B/355 (B/CCCLV): 2B/114,115
C/355 (C/CCCLV): 2B/114,115

Royal Field Artillery Batteries (numbered)
1st: 1/92
3rd: 1/92
5th: 1/92
6th: 1/52
9th: 1/44
10th: 1/120
11th: 1/68,100
12th: 1/84
13th: 1/112,120
15th: 1/44
16th: 1/44
17th: 1/44
18th: 1/108
19th: 2A/112
20th: 2A/112
21st: 1/76
22nd: 1/44,108,112
23rd: 1/52
24th: 1/76
25th: 1/84
26th: 1/112,120
27th: 1/60
28th: 2A/112
29th: 1/52,112
30th: 1/36,112
31st: 1/60,84
32nd: 1/92
33rd: 1/92
34th: 1/76...2A/72
35th: 1/60,84
36th: 1/92
37th: 1/68,107
39th: 1/60,100,112
40th: 1/36
41st: 1/52
42nd: 1/76
43rd: 1/76
45th: 1/52
46th: 1/36,112
47th: 1/44
48th: 1/44
49th: 1/52
50th: 1/44
51st: 1/36,112
52nd: 1/68
53rd: 1/76
54th: 1/36,112
55th: 1/60,92
56th: 1/44
57th: 1/36,92
58th: 1/84
60th: 1/44...3A/39
61st: 1/68,99...3A/39
62nd: 1/108
65th: 1/68,107,112
67th: 1/100
68th: 1/60
69th: 1/108...3A/145
70th: 1/44
71st: 1/44
72nd: 1/76...3A/38
75th: 1/108...3A/15
79th: 2A/44,45
80th: 1/68
86th: 1/60,76
87th: 1/76
88th: 1/60
92nd: 1/112,120
93rd: 2A/144
95th: 1/100
96th: 1/100,112
97th: 1/112,120
98th: 1/100
99th: 1/100
100th: 1/108...3A/145
103rd: 1/108
104th: 1/84
105th: 1/84
106th: 1/84
107th: 1/52

108th: 1/52	173rd: 3A/14
109th: 1/52...2A/144	174th: 3A/14
110th: 1/76	175th: 3A/14
111th: 1/76	176th: 3A/14
112th: 1/76	177th: 3A/14
113th: 1/36	178th: 3A/14
114th: 1/36	179th: 3A/14
115th: 1/36	180th: 3A/14
116th: 1/36	181st: 3A/14
117th: 1/36	182nd: 3A/14
118th: 1/36,108,112	183rd: 3A/14
119th: 1/68	184th: 3A/22
120th: 1/68	185th: 3A/22
121st: 1/68	186th: 3A/22
122nd: 1/68,112	187th: 3A/22
123rd: 1/68,112	188th: 3A/22
124th: 1/68,112	189th: 3A/22
125th: 1/60	190th: 3A/22
126th: 1/60	191st: 3A/22
127th: 1/60	192nd: 3A/22
128th: 1/52,60	193rd: 3A/22
129th: 1/52	194th: 3A/22
130th: 1/52,99	195th: 3A/22
131st: 1/100	196th: 3A/30
132nd: 1/100	197th: 3A/30
133rd: 1/100	198th: 3A/30
134th: 1/60	199th: 3A/30
135th: 1/60	200th: 3A/30
148th: 1/100...3A/48	201st: 3A/30
149th: 1/108...3A/48	202nd: 3A/30
150th: 3A/48	203rd: 3A/30
151st: 3A/48	204th: 3A/30
152nd: 3A/48	205th: 3A/30
153rd: 3A/48	206th: 3A/30
154th: 3A/48	207th: 3A/30
155th: 3A/48	208th: 3A/38
156th: 3A/48	209th: 3A/38
157th: 3A/48	210th: 3A/38
158th: 3A/48	211th: 3A/38
159th: 3A/48	212th: 3A/38
160th: 3A/6	213th: 3A/38
161st: 3A/6	214th: 3A/38
162nd: 3A/6	215th: 3A/38
163rd: 3A/6	216th: 3A/38
164th: 3A/6	217th: 3A/38
165th: 3A/6	218th: 3A/38
166th: 3A/6	219th: 3A/38
167th: 3A/6	220th: 3A/56
168th: 3A/6	221st: 3A/56
169th: 3A/6	222nd: 3A/56
170th: 3A/6	223rd: 3A/56
171st: 3A/6	224th: 3A/56
172nd: 3A/14	225th: 3A/56

226th: 3A/56	279th: 3A/90
227th: 3A/56	280th: 3A/98
228th: 3A/56	281st: 3A/98
229th: 3A/56	282nd: 3A/98
230th: 3A/56	283rd: 3A/98
231st: 3A/56	284th: 3A/98
232nd: 3A/64	285th: 3A/98
233rd: 3A/64	286th: 3A/98
234th: 3A/64	287th: 3A/98
235th: 3A/64	288th: 3A/98
236th: 3A/64	289th: 3A/98
237th: 3A/64	290th: 3A/98
238th: 3A/64	291st: 3A/98
239th: 3A/64	340th: 2B/118
240th: 3A/64	364th: 1/100
241st: 3A/64	365th: 1/108
242nd: 3A/64	366th: 1/108...2B/118
243rd: 3A/64	367th: 1/108
244th: 3A/74	368th: 1/120
245th: 3A/74	369th: 1/120
246th: 3A/74	370th: 1/120
247th: 3A/74	371st: 1/120
248th: 3A/74	382nd: 2B/118
249th: 3A/74	384th: 2B/93
250th: 3A/74	385th: 2B/93
251st: 3A/74	386th: 2B/93
252nd: 3A/74	387th: 2B/93
253rd: 3A/74	388th: 2B/93
254th: 3A/74	389th: 2B/126
255th: 3A/74	390th: 2B/126
256th: 3A/82	391st: 2B/126
257th: 3A/82	392nd: 2B/126
258th: 3A/82	393rd: 2A/23
259th: 3A/82	396th: 2A/23
260th: 3A/82	405th: 2B/126
261st: 3A/82	406th: 2B/126
262nd: 3A/82	413th: 2B/27
263rd: 3A/82	424th: 3A/15
264th: 3A/82	425th: 2B/118
265th: 3A/82	439th: 2A/120
266th: 3A/82	440th: 2A/128
267th: 3A/82	460th: 1/120
268th: 3A/90	500th: 2A/143
269th: 3A/90	501st: 3A/21
270th: 3A/90	502nd: 3B/73
271st: 3A/90	507th: 3A/137
272nd: 3A/90	508th: 3A/5
273rd: 3A/90	512th: 2A/63
274th: 3A/90	514th: 3B/3
275th: 3A/90	515th: 3A/89
276th: 3A/90	516th: 3B/43
277th: 3A/90	517th: 3B/13
278th: 3A/90	518th: 2A/87

519th: 2B/27
520th: 2B/35
522nd: 3A/129
523rd: 2A/71
525th: 3B/124
527th: 2A/112...2B/120
528th: 3A/47
529th: 3B/63
531st: 2A/79
532nd: 3A/55
533rd: 2B/93...3A/105
536th: 2B/93...3B/23
1064th: 2A/50
1066th: 2A/50
1067: 2A/50
1068: 2A/50
1089th: 2A/44,45
1091st: 2A/44,45
1093rd: 2A/44,45
1094th: 2A/44,45
1096th: 2A/44,45
1097th: 2A/44,45
1098th: 2A/56
1103rd: 2A/56
1104th: 2A/44,45
1105th: 2A/56
1128th: 2B/85
1129th: 2B/58
1203rd: 2B/79
1204th: 2B/79
1207th: 2B/79
1208th: 2B/102
1210th: 2B/108
1211th: 2B/114,115
1212th: 2B/79

Royal Field Artillery Brigades and Ammunition Columns (numbered)
1st (I): 1/100
2nd (II): 1/76
3rd (III): 1/108
8th (VIII): 1/68,107
9th (IX): 2A/112
10th (X): 1/112
12th (XII): 1/76...2B/79
14th (XIV): 1/60
15th (XV): 1/68,99
17th (XVII): 1/112,120
19th (XIX): 1/100,112
20th (XX): 1/100
22nd (XXII): 1/84
23rd (XXIII): 1/52
24th (XXIV): 1/76

25th (XXV): 1/36
26th (XXVI): 1/36
27th (XXVII): 1/68
28th (XXVIII): 1/68,112
29th (XXIX): 1/60
30th (XXX): 1/52
31st (XXXI): 1/108...3A/145
32nd (XXXII): 1/60
33rd (XXXIII): 1/92
34th (XXXIV): 1/44
35th (XXXV): 1/84
36th (XXXVI): 1/44
37th (XXXVII): 1/60,84...2B/126
38th (XXXVIII): 1/76
39th (XXXIX): 1/36,112
40th (XL): 1/52
41st (XLI): 1/44
42nd (XLII): 1/52
43rd (XLIII): 1/36...2B/79
44th (XLIV): 1/44...2B/118
45th (XLV): 1/92
46th (XLVI): 3A/47,48,49
47th (XLVII): 3A/47,48,49
48th (XLVIII): 3A/48
49th (XLIX): 2B/77,102...3A/48
50th (L): 3A/6,7
51st (LI): 3A/6,7
52nd (LII): 3A/6
53rd (LIII): 3A/6
54th (LIV): 1/108,112...3A/14
55th (LV): 2A/15...3A/14,21,38,39
56th (LVI): 2A/112...3A/14,38
57th (LVII): 2A/143...3A/14,21,147
58th (LVIII): 3A/13,22,23
59th (LIX): 3A/22,23
60th (LX): 3A/22
61st (LXI): 1/28...3A/22
62nd (LXII): 3A/30,31
63rd (LXIII): 3A/30,31
64th (LXIV): 3A/30
65th (LXV): 3A/30
66th (LXVI): 3A/38,39
67th (LXVII): 3A/14,15,38
68th (LXVIII): 3A/14,15,38
69th (LXIX): 3A/38
70th (LXX): 3A/56,57
71st (LXXI): 3A/56,57
72nd (LXXII): 3A/56
73rd (LXXIII): 3A/56
74th (LXXIV): 1/28...3A/64
75th (LXXV): 1/28...3A/64
76th (LXXVI): 1/28...3A/64
77th (LXXVII): 3A/64

78th (LXXVIII): 3A/74,75
79th (LXIX): 3A/74,75
80th (LXXX): 3A/74
81st (LXXXI): 3A/74
82nd (LXXXII): 3A/82,83
83rd (LXXXIII): 3A/82,83
84th (LXXXIV): 3A/82
85th (LXXXV): 3A/82
86th (LXXXVI): 3A/90
87th (LXXXVII): 3A/90,91
88th (LXXXVIII): 3A/90,91
89th (LXXXIX): 3A/90
90th (XC): 3A/98
91st (XCI): 3A/47,98,99
92nd (XCII): 3A/98,99
93rd (XCIII): 3A/98
94th (XCIV): 3A/106,107
95th (XCV): 3A/106,107
96th (XCVI): 3A/106
97th (XCVII): 3A/106
98th (XCVIII): 3A/114,115
99th (XCIX): 3A/114,115
100th (C): 3A/114,115
101st (CI): 3A/114,115
102nd (CII): 3A/122,123
103rd (CIII): 3A/122,123
104th (CIV): 3A/122
105th (CV): 3A/122
106th (CVI): 3A/130,131
107th (CVII): 3A/130,131
108th (CVIII): 3A/130
109th (CIX): 3A/130
110th (CX): 3A/137,138,139
111th (CXI): 3A/138
112th (CXII): 3A/137,138,139
113th (CXIII): 3A/138
114th (CXIV): 3A/146,147
115th (CXV): 3A/146,147
116th (CXVI): 3A/146,147
117th (CXVII): 2B/118...3A/146
118th (CXVIII): 3A/21...3B/133
119th (CXIX): 3B/84,133
120th (CXX): 3B/84,133
121st (CXXI): 3B/84,85,133
122nd (CXXII): 3B/84,85,134
123rd (CXXIII): 3B/74,75,134
124th (CXXIV): 3B/74,75,134
125th (CXXV): 3B/74,134
126th (CXXVI): 3B/74,135
127th (CXXVII): 1/60...3B/135
128th (CXXVIII): 1/92...3B/135
129th (CXXIX): 1/100...3B/135
130th (CXXX): 1/108,112...3B/136

131st (CXXXI): 3B/136
132nd (CXXXII): 1/120...3B/136
133rd (CXXXIII): 3A/22...3B/136
134th (CXXXIV): 3B/137
135th (CXXXV): 3B/137
136th (CXXXVI): 3B/137
137th (CXXXVII): 3B/137
138th (CXXXVIII): 3B/138
139th (CXXXIX): 3B/138
140th (CXL): 3B/138
141st (CXLI): 3B/138
146th (CXLVI): 1/108
147th (CXLVII): 1/120
148th (CXLVIII): 3B/4,5
149th (CXLIX): 3B/4,5
150th (CL): 3B/4
151st (CLI): 3B/4
152nd (CLII): 3B/44,45
153rd (CLIII): 3B/64,65
154th (CLIV): 3B/64
155th (CLV): 3B/11,14,21,24
156th (CLVI): 3B/34,35
157th (CLVII): 3B/54,55
158th (CLVIII): 3B/54
159th (CLIX): 3B/54,55
160th (CLX): 3B/44,45
161st (CLXI): 3B/11,14,21,24,25
162nd (CLXII): 3B/34,35
163rd (CLXIII): 3B/54
164th (CLXIV): 3B/11,14,21,24
165th (CLXV): 3B/11,14,15,21,24
166th (CLXVI): 3B/34
167th (CLXVII): 3B/34
168th (CLXVIII): 3B/11,14,21,24,25
169th (CLXIX): 3B/11,14,21,24
170th (CLXX): 3B/11,14,15,21,24
171st (CLXXI): 3B/11,14,21,24
172nd (CLXXII): 2B/126...3B/64
173rd (CLXXIII): 3B/64,65
174th (CLXXIV): 3B/94,95
175th (CLXXV): 3B/44
176th (CLXXVI): 3B/44
177th (CLXXVII): 3A/63,64,65
178th (CLXXVIII): 3B/102,103
179th (CLXXIX): 3B/94
180th (CLXXX): 3A/63,64,65
181st (CLXXXI): 3B/102,103
182nd (CLXXXII): 3A/64
183rd (CLXXXIII): 3B/110
184th (CLXXXIV): 3B/94
185th (CLXXXV): 3B/102
186th (CLXXXVI): 3B/94,95
187th (CLXXXVII): 3B/110,111

188th (CLXXXVIII): 3B/102
189th (CLXXXIX): 3B/110
190th (CXC): 3B/110,111
210th (CCX): 2A/38
211th (CCXI): 2A/38
212th (CCXII): 2A/38
213th (CCXIII): 2A/38
215th (CCXV): 2A/44
216th (CCXVI): 2A/44,45
217th (CCXVII): 2A/44,45
218th (CCXVIII): 2A/44,45
220th (CCXX): 2A/50
221st (CCXXI): 2A/50
223rd (CCXXIII): 3B/121
225th (CCXXV): 2A/56
227th (CCXXVII): 2A/56
228th (CCXXVIII): 2A/56
230th (CCXXX): 2A/64
231st (CCXXXI): 2A/64
232nd (CCXXXII): 2A/64
233rd (CCXXXIII): 2A/64
235th (CCXXXV): 2A/72
236th (CCXXXVI): 2A/72
237th (CCXXXVII): 2A/72
238th (CCXXXVIII): 2A/72
240th (CCXL): 2A/80,81
241st (CCXLI): 2A/80,81
242nd (CCXLII): 2A/80
243rd (CCXLIII): 2A/80
245th (CCXLV): 2A/88
246th (CCXLVI): 2A/88
247th (CCXLVII): 2A/88
248th (CCXLVIII): 2A/88
250th (CCL): 2A/71,96,97,143
251st (CCLI): 2A/71,96,97
252nd (CCLII): 2A/96
253rd (CCLIII): 2A/96
255th (CCLV): 2A/104,105
256th (CCLVI): 2A/104,105
258th (CCLVIII): 2A/104
260th (CCLX): 2A/104
261st (CCLXI): 2A/112
262nd (CCLXII): 2A/112
263rd (CCLXIII): 2A/112...3A/15
264th (CCLXIV): 2A/112
265th (CCLXV): 2A/120
266th (CCLXVI): 2A/120
267th (CCLXVII): 2A/120
268th (CCLXVIII): 2A/120...2B/118
270th (CCLXX): 2A/128
271st (CCLXXI): 2A/128
272nd (CCLXXII): 2A/128
273rd (CCLXXIII): 2A/128

275th (CCLXXV): 2A/136
276th (CCLXXVI): 2A/136
277th (CCLXXVII): 2A/136
278th (CCLXXVIII): 2A/136
280th (CCLXXX): 2A/144
281st (CCLXXXI): 2A/144
282nd (CCLXXXII): 2A/144
283rd (CCLCCCIII): 2A/144
285th (CCLXXXV): 2B/4
286th (CCLXXXVI): 2B/4
287th (CCLXXXVII): 2B/4
290th (CCXC): 2B/12,13
291st (CCXCI): 2B/12,13
293rd (CCXCIII): 2B/12
295th (CCXCV): 2B/20,35,43
296th (CCXCVI): 2B/20,35,43
297th (CCXCVII): 2B/20
298th (CCXCVIII): 2B/20
300th (CCC): 2B/28
301st (CCCI): 2B/28,29
302nd (CCCII): 2B/28,29
303rd (CCCIII): 2B/28,29
305th (CCCV): 2B/36
306th (CCCVI): 2B/36,37
307th (CCCVII): 2B/36,37
308th (CCCVIII): 2B/36
310th (CCCX): 2B/44
311th (CCCXI): 2B/44
312th (CCCXII): 2B/44
315th (CCCXV): 2B/52...3B/121
316th (CCCXVI): 2B/52...3B/121
317th (CCCXVII): 2B/52...3B/121
318th (CCCXVIII): 2B/52
320th (CCCXX): 2B/56,57
321st (CCCXXI): 2B/56,57
323rd (CCCXXIII): 2B/56
325th (CCCXXV): 2B/62,63
326th (CCCXXVI): 2B/62,63
327th (CCCXXVII): 2B/62
328th (CCCXXVIII): 2B/62
330th (CCCXXX): 2B/70
331st (CCCXXXI): 2B/70
332nd (CCCXXXII): 2B/70
335th (CCCXXXV): 2B/78
336th (CCCXXXVI): 2B/78,79
337th (CCCXXXVII): 2B/78,79
338th (CCCXXXVIII): 2B/78
340th (CCCXL): 2B/86
341st (CCCXLI): 2B/86
342nd (CCCXLII): 2B/86,87
343rd (CCCXLIII): 2B/86,87
345th (CCCXLV): 2B/94
346th (CCCXLVI): 2B/94,95

347th (CCCXLVII): 2B/94
348th (CCCXLVIII): 2B/94,95
350th (CCCL): 2B/102
351st (CCCLI): 2B/102
352nd (CCCLII): 2B/108
353rd (CCCLIII): 2B/108
354th (CCCLIV): 2B/114,115
355th (CCCLV): 2B/114,115

Royal Fusiliers
   1st: 1/76...3A/130,131
   2nd: 1/112,120
   3rd: 1/108...2A/97
   4th: 1/52
   7th: 3B/121
   8th: 3A/30
   9th: 3A/30,31
   10th: 3A/81...3B/74,75
   11th: 3A/82,83
   12th: 3A/130
   13th: 3A/129...3B/74,75
   14th: 3B/135
   15th: 3B/135
   16th: 3B/137
   17th: 1/44...3B/34
   18th: 3B/34
   19th: 3B/34
   20th: 3B/34
   21st: 3B/34
   22nd: 1/44...3B/34
   23rd: 1/44...3B/34
   24th: 1/44...3B/34
   26th: 3B/110,111
   38th: 3A/13
   32nd: 3B/110,111
   51st: 2B/87,108
   52nd: 2B/87,108

Royal Glasgow Yeomanry
   1/1st: 1/51... 2A/112...3A/6,130
   2/1st: 2B/56,62,63

Royal Gloucestershire Yeomanry
   1/1st: 2A/4,12,13
   2/1st: 2A/22,28

Royal Guernsey Light Infantry, 1st:
   1/120...2B/78,79

Royal Highlanders: *See Black Watch*

Royal Horse Artillery Batteries (lettered)
   B: 1/120
   C: 1/20,84
   D: 1/4,12
   E: 1/4,12
   F: 1/84
   G: 1/20,92
   H: 1/4
   I: 1/4
   J: 1/12
   K: 1/20
   L: 1/4,120
   O: 1/92
   T: 1/84
   Y: 1/4,120
   Z: 1/92

Royal Horse Artillery Brigades and Ammunition Columns
   1st (I): 2A/12,13
   2nd (II): 2A/12,13
   3rd (III): 1/4,9,12
   4th (IV): 1/20
   5th (V): 1/92
   7th (VII): 1/1,4
   14th (XIV): 1/84
   15th (XV): 1/20,120
   20th (XX): 2A/32

Royal Horse Guards: 1/20

Royal Inniskilling Fusiliers
   1st: 1/120...3B/65
   2nd: 1/43,60,67...3B/24,65
   5th: 2B/70...3A/14,15
   6th: 2A/97...3A/14,15,50...3B/47
   7th: 3A/64
   7th/8th: 3A/65...3B/5,47
   8th: 3A/64
   9th: 3B/64,65
   10th: 3B/64,65
   11th: 3B/64,65
   13th: 3B/103

Royal Irish Dragoon Guards: *See 4th Dragoon Guards*

Royal Irish Fusiliers
   1st: 1/60...3B/65
   2nd: 1/100...3A/14,15
   5th: 2B/72...3A/14,15,50,65...3B/3
   6th: 3A/14
   7th: 3A/64
   7th/8th: 3A/64
   8th: 3A/64
   9th: 3B/64,65
   11th: 3A/63,67

Royal Irish Lancers: *See 5th Lancers*

Royal Irish Regiment
   1st: 1/100...3A/14,15
   2nd: 1/52,60,84...3A/64,65...3B/121

2nd (Garrison): 2B/19
5th: 2A/97,112...3A/14,15
6th: 3A/64
7th: 3A/65... 3B/5,47
8th: 3B/103

Royal Irish Rifles
1st: 1/92...3B/65
2nd: 1/52...3A/138...3B/65
6th: 3A/14,15
7th: 3A/64...3B/63
8th: 3B/64,65
9th: 3B/64,65
10th: 3B/64,65
11th: 3B/64,65
12th: 3B/64,65
13th: 3B/64,65
14th: 3B/64,65
15th: 3B/64,65
16th: 3B/63,64,65

Royal Lancaster Regiment: *See King's Own Royal Lancaster Regiment*

Royal Marine Artillery Battalion: 3B/124

Royal Marine Light Infantry: 1/112

Royal Marine Battalions
1st: 3B/120,121
2nd: 3B/120,121
Chatham: 3B/120
Deal: 3B/120
Plymouth: 3B/120
Portsmouth: 3B/120

Royal Marine Brigade, 3rd: 3B/119,120

Royal Monmouthshire Militia Field Company, 5th: 2B/118

Royal Munster Fusiliers
1st: 1/120...2B/4...3A/64,65
2nd: 1/36...2A/97...3A/65
6th: 3A/14,15,67...3B/47,97
7th: 3A/14
8th: 3A/64
9th: 3A/64

Royal Naval Armoured Car Division, 10th Squadron: 1/119

Royal Naval Brigades
1st: 3B/118,120
2nd: 3B/118,120,148

Royal Naval Division: *See 63rd (Royal Naval) Infantry Division*

Royal Naval Division Cyclist Company:
3B/120,148

Royal Naval Division Field Ambulances
1st: 3B/120,121
2nd: 3B/120/121
3rd: 3B/120/121
Royal Naval Division Field Companies:
1st: 3B/120,121,148
2nd: 3B/120,121,148
3rd: 3B/120,121

Royal Naval Division Sanitary Section: 3B/124

Royal Naval Division Signal Company:
3B/120,149

Royal Naval Division Small Arms Ammunition Column: 3B/120

Royal Naval Division Train: 3B/120

Royal Newfoundland Battalion: 1/120...3A/7

Royal North Devon Yeomanry, 2/1st: 2A/5

Royal Scots
1st: 1/100
2nd: 1/52
1/4th: 2A/112
2/4th: 2B/62,63
5th/6th: 3B/24,25
1/5th: 1/120
1/7th: 2A/112
2/7th: 2B/62,63
1/8th: 1/83...2A/104,105
2/8th: 2B/62,63
1/9th: 1/67,100...2A/104...2B/37...3A/57
2/9th: 2B/62,63
11th: 3A/6,7
12th: 3A/6,7
13th: 3A/56,57
14th: 3B/137
15th: 3B/44,45,97
16th: 3B/44,45,97
17th: 3B/54,55

Royal Scots Fusiliers
1st: 1/52
2nd: 1/84,112...3A/5,7...3B/4,5,105
1/4th: 2A/112
2/4th: 2B/62,63
1/5th: 2A/112
2/5th: 2B/62
6th: 3A/6
6th/7th: 2B/20...3A/56,67
7th: 3A/56
8th: 3A/146,147
11th: 2B/20
12th: 2B/118...3B/15

Royal Scots Greys: *See 2nd Dragoons*

Royal Sussex Regiment
    2nd: 1/36,112
    1/4th: 2A/120...3B/45
    1/5th: 1/35... 2A/80,81
    1/6th: 2A/4,23
    2/6th: 2A/4...2B/85
    7th: 3A/30,31
    8th: 3A/81,82,83
    9th: 3A/130,131
    10th: 3B/135
    11th: 3A/139...3B/94,95,97
    12th: 3B/94
    13th: 3B/94,95,97
    15th: 2B/108
    16th: 2B/118
    17th: 2B/20
    51st: 2B/57,102
    52nd: 2B/57,102

Royal Warwickshire Regiment
    1st: 1/60
    2nd: 1/84
    1/5th: 2A/80,81
    2/5th: 2B/36
    1/6th: 2A/80,81
    2/6th: 2B/36,37
    1/7th: 2A/80,81
    2/7th: 2B/36,37
    1/8th: 2A/80...3A/139
    2/8th: 2B/36
    9th: 3A/38,39,41
    10th: 3A/90,91
    11th: 3A/129...3B/74
    12th: 3B/135
    13th: 3B/135
    14th: 1/67,68...3B/24
    15th: 1/68...3B/24
    16th: 1/68...3B/24
    18th: 2B/108
    51st: 2B/87,108
    52nd: 2B/87,114,115

Royal Welsh Fusiliers
    1st: 1/84
    2nd: 1/44...3B/34,85
    1/4th: 1/35... 2A/72,119...2B/79
    2/4th: 2A/119...2B/86,87
    1/5th: 2A/120
    2/5th: 2B/86,87
    5th/6th: 2A/120
    1/6th: 2A/120
    2/6th: 2B/86
    1/7th: 2A/120

    2/7th: 2B/86,93
    8th: 3A/38,39
    9th: 3A/90,91
    10th: 1/52...3A/138
    11th: 1/112...3A/114,115
    12th: 3B/138
    13th: 3B/84,85
    14th: 3B/84,85
    15th: 3B/84
    16th: 3B/84,85
    17th: 3B/84,85
    19th: 3B/102
    24th: 2B/118...3B/15
    25th: 2B/118
    26th: 2B/20

Royal West Kent Regiment
    1st: 1/68
    1/4th: 2A/50
    2/4th: 2A/120...2B/77
    3/4th: 2B/78...3A/5,73
    1/5th: 2A/50
    2/5th: 2B/78,79
    6th: 3A/30,31
    7th: 3A/82,83
    8th: 3A/130,131
    9th: 3B/134
    10th: 3B/93,110,111
    11th: 3B/93,110,111

Royal West Surrey Regiment: *See Queen's Royal West Surrey Regiment*

Royal Wiltshire Yeomanry
    1/1st: 3B/84,102,110
    2/1st: 2A/28

Russell's Infantry, 95th: 1/112...3A/113

S

Samson's Detachment: 3B/124

Sanitary Sections
    No.3A: 1/59
    No.4: 1/11
    No.4A: 1/11,51
    No.5: 1/51
    No.6: 1/67
    7th: 1/99,113
    No.8: 1/75
    No.9: 1/3
    No.10: 1/83
    11th: 1/43

12th: 1/19
13th: 1/35
No.14: 1/91
15th: 1/107
16th: 1/119
17th: 2A/63
18th: 2A/111...3A/13
20th: 3A/5
21st: 3A/13,21
22nd: 2A/37
23rd: 3A/29
24th: 3A/37
25th: 3A/47
28th: 3A/37
31st: 2A/32
32nd: 3A/55
33rd: 3A/97
34th: 3A/73
35th: 3A/81
36th: 3A/89
37th: 3B/73
38th: 3A/105
39th: 3A/41,113
40th: 3A/121
41st: 3A/129
42nd: 3A/137
43rd: 3A/145
45th: 1/27
47th: 2A/71
48th: 2A/79
49th: 2A/87
50th: 2A/95
51st: 2A/103
52nd: 2A/111...3A/13
53rd: 2A/119
54th: 2A/127
55th: 2A/135
56th: 2A/143
57th: 2B/3
58th: 2B/11
59th: 2B/19
60th: 2B/27
61st: 2B/35
62nd: 2B/43
63rd: 2B/51...3B/124
66th: 2B/69
67th: 2B/77
70th: 3B/3
71st: 3B/13
72nd: 3B/23
73rd: 3B/33
74th: 3B/43
75th: 3B/53

76th: 3B/63
77th: 3B/83
81st: 3A/63
82nd: 3B/93
83rd: 3B/105
84th: 3B/112
85th: 1/112
87th: 2B/120
104th: 2B/102
105th: 2B/108
106th: 2B/113
107th: 2B/125
126th: 2A/23

Sappers and Miners
1st: 2B/29
2nd: 2B/126
3rd: 2A/120...3A/15

Scots Guards
1st: 1/28,36
2nd: 1/28,84

Scottish Army Troops Signal Company: 2A/4

Scottish Cable Signal Company: 2A/4

Scottish Divisions: See *9th and 15th Infantry Divisions*

Scottish Horse
1/1st: 2A/13
2/1st: 2A/13
3/1st: 2A/13

Scottish Horse Field Ambulance: 2A/13

Scottish Horse Mounted Brigade, 1/1st:
2A/10,13...2B/51

Scottish Rifles
1st: 1/44...3B/34,35
2nd: 1/92...3A/99
1/5th: 1/44...2A/111
2/5th: 2B/62,63
5th/6th: 3B/34,35
1/6th: 1/91...2A/104,111...3B/33
2/6th: 2B/62,63
1/7th: 2A/112
2/7th: 2B/62
1/8th: 2A/112...3B/45
2/8th: 2B/62
9th: 3A/5,6,7,48
10th: 3A/56,57
11th: 3A/146,147
12th: 3B/137
13th: 3B/105
18th: 3A/65

Seaforth Highlanders
    1st (Garrison): 1/108,112
    2nd: 1/60
    1/4th: 2A/63,103,104,105...3A/55
    2/4th: 2B/56,57
    1/5th: 2A/104,105
    2/5th: 2B/56
    1/6th: 104,105
    2/6th: 2B/56,57
    7th: 3A/6,7
    8th: 3A/56,57
    9th: 3A/6,7
    10th: 3B/137

Sharpshooters: See *3rd County of London Yeomanry*

Sherwood Foresters
    1st: 1/92...3A/122
    2nd: 1/76,112
    1/5th: 2A/64
    2/5th: 2B/20...3A/67...3B/47,97
    1/6th: 2A/64
    2/6th: 2B/20
    7th: 2B/20,72...3B/3,96
    1/7th: 2A/64
    2/7th: 2B/20
    1/8th: 2A/64
    2/8th: 2B/20
    9th: 3A/22,23
    10th: 3A/74,75
    11th: 1/92...3A/122,123,139
    12th: 3A/129,130,131
    13th: 3B/136
    14th: 3B/133
    15th: 3B/54,55
    16th: 2B/72...3B/94,95
    17th: 3B/94
    18th: 3B/105
    51st: 2B/95
    52nd: 2B/79,95

Sherwood Foresters Infantry Brigade: 2A/64

Sherwood Rangers Yeomanry
    1/1st: 2A/4,12,13
    2/1st: 2A/22,23

Shropshire Royal Horse Artillery
    1/1st: 2A/4...2B/11
    2/1st: 2A/5...2B/93

Shropshire Yeomanry
    1/1st: 2A/4
    2/1st: 2A/5

Siege Batteries and Ammunition Columns
    1st: 1/43
    14th: 1/120
    41st: 2A/4
    43rd: 1/119
    86th: 3B/112
    89th: 3B/112
    130th: 3A/47
    159th: 3A/37
    384th: 3A/37
    387th: 3A/37

Signal Companies (Divisional): See *Divisional Signal Companies (numbered)*

Signal Squadrons
    1st: 1/4
    2nd: 1/12
    3rd: 1/20

Signal Troops
    1st: 1/4
    2nd: 1/4
    3rd: 1/4,12
    4th: 1/4,12
    5th: 1/12
    6th: 1/20
    7th: 1/20
    8th: 1/20
    9th: 1/4

Sikhs
    1/23rd: 2B/125
    2/32nd: 2B/126
    1/54th: 1/112...3A/15
    123rd: 1/112

Small Arms Ammunition Sections
    29th: 3A/14
    30th: 3A/14
    31st: 3A/14
    38th: 3A/39
    39th: 3A/39
    40th: 3A/39
    65th: 3A/114,115
    66th: 3A/114,115
    67th: 3A/114,115
    77th: 3A/146,147
    78th: 3A/146,147
    79th: 3A/146,147
    80th: 1/100
    81st: 1/100
    82nd: 1/100
    83rd: 1/108
    84th: 1/108
    85th: 1/108

Somerset Light Infantry
 1st: 1/60
 1/4th: 2A/44
 2/4th: 2A/56...2B/126...3A/50...3B/45
 1/5th: 2A/44...2B/126
 2/5th: 2A/56
 6th: 3A/48,65
 7th: 3A/98,99
 8th: 3A/106...3B/74,75
 9th: 3B/136
 10th: 2B/108
 11th: 2B/20
 12th: 2B/118

South African Artillery Brigade, 1st: 2B/126

South African Field Ambulance: 2B/70...3A/6,7

South African Infantry
 1st: 2B/70...3A/6,7
 2nd: 2B/70...3A/6,7
 3rd: 3A/6
 4th: 2B/70...3A/6,7

South African Infantry Brigade:
 2B/68,70...3A/4,5,6,7

South African Trench Mortar Battery:
 2B/70...3A/6,7

South Eastern Mounted Brigade: 2A/37

South Irish Horse:
 1/44...2A/119...3A/13,64,106...3B/24,94

South Lancashire Infantry Brigade: 2A/134,136

South Lancashire Regiment
 2nd: 1/52...3A/105,138...3B/5
 1/4th: 1/52...2A/136
 2/4th: 2B/4
 1/5th: 1/60...2A/136
 2/5th: 2B/4
 6th: 3A/38,39
 7th: 3A/90
 8th: 3A/138
 9th: 1/112...3A/114,115
 10th: 3B/138
 11th: 2B/72...3A/139...3B/4,5
 12th: 3B/105

South Midland Divisional Ambulance Workshop:
 2A/79

South Midland Divisional Ammunition Column:
 2A/80

South Midland Divisional Cyclist Companies
 1/1st: 2A/80
 2/1st: 2B/36

South Midland Divisional Signal Companies
 1/1st: 2A/80
 2/1st: 2B/36

South Midland Divisions: *See 48th and 61st Infantry Divisions*

South Midland Field Ambulances
 1/1st: 2A/4,12,13,80,81
 2/1st: 2A/22...2B/36,37
 1/2nd: 2A/4,12,13,32,80,81
 2/2nd: 2A/22...2B/36,37
 1/3rd: 2A/80,81
 2/3rd: 2B/36,37

South Midland Field Companies
 1/1st: 1/67,100...2A/80
 2/1st: 2A/80...2B/35
 1/3rd: 2B/36
 3/1st: 2B/36
 1/2nd: 2A/80
 2/2nd: 2B/36

South Midland Heavy Batteries
 1/1st: 2A/79
 2/1st: 2A/23...2B/35,77

South Midland Infantry Brigades
 1/1st: 2A/80
 2/1st: 2B/36

South Midland Mounted Division Transport and Supply Columns
 1/1st: 2A/80
 2/1st: 2B/36

South Midland Mobile Veterinary Sections
 1st: 2A/4,12,13,80,81
 2nd: 2A/4,12,13

South Midland Mounted Brigade Transport and Supply Columns
 1/1st: 2A/4,12
 2/1st: 2A/22
 1/2nd: 2A/4,12
 2/2nd: 2A/22

South Midland Mounted Brigades
 1/1st: 2A/2,4,12
 2/1st: 2A/20,22
 1/2nd: 2A/2,4,12
 2/2nd: 2A/20,22

South Midland Royal Field Artillery Brigades and Ammunitions Columns
 1/1st: 2A/80
 2/1st: 2B/36
 1/2nd: 2A/80
 2/2nd: 2B/36

1/3rd: 2A/80
2/3rd: 2B/36
1/4th: 2A/80
2/4th: 2B/36

South Midland Sanitary Section: 2A/79

South Midland Signal Troops
1/1st: 2A/12,13
2/1st: 2A/22
1/2nd: 2A/12,13
2/2nd: 2A/22

South Nottinghamshire Hussars Yeomanry
1/1st: 2A/4,12,13,33
2/1st: 2A/22,23

South Staffordshire Regiment
1st: 1/84
2nd: 1/44
4th: 2B/78,79...3A/137,138...3B/97
1/5th: 2A/64
2/5th: 2B/20
1/6th: 2A/64
2/6th: 2B/20,72
7th: 3A/22,23
8th: 3A/74
9th: 3A/121,122,123
10th: 3B/136

South Wales Borderers
1st: 1/36
2nd: 1/120
4th: 3A/38,39
5th: 3A/89,90,91
6th: 3A/137,138...3B/5
7th: 1/112...3A/114,115
8th: 3A/114,115
9th: 3B/138
10th: 3B/84,85
11th: 3B/84
12th: 3B/102
51st: 2B/87
52nd: 2B/79

South Wales Field Ambulances
1/1st: 2A/4
2/1st: 2A/4,5

South Wales Mobile Veterinary Sections
1/1st: 2A/4
2/1st: 2A/4,5

South Wales Mounted Brigade Transport and Supply Columns
1/1st: 2A/4
2/1st: 2A/4,5

South Wales Mounted Brigades
1/1st: 2A/2,4
2/1st: 2A/2,4,5

South Wales Signal Troops
1/1st: 2A/4
2/1st: 2A/4,5

South Western Infantry Brigades
1/1st: 2A/43,44
2/1st: 2A/55,56

South Western Mounted Brigade, 1/2nd: 2A/15,119...3A/21

Southern Command Army Troops Signal Company: 2A/4

Southern Wireless Signal Company: 2A/4

Staffordshire Field Batteries
1/1st: 2A/64
2/1st: 2B/20
1/2nd: 2A/64
2/2nd: 2B/20
1/3rd: 2A/64
2/3rd: 2B/20
1/4th: 2A/64
2/4th: 2B/20
1/5th: 2A/64
2/5th: 2B/20
1/6th: 2A/64
2/6th: 2B/20

Staffordshire Heavy Batteries: *See North Midland*

Staffordshire Infantry Brigade: 2A/64

Staffordshire Yeomanry
1/1st: 2A/4,32
2/1st: 2A/4,5,23

Stationary Hospital, 21st: 1/114

Suffolk Field Batteries
1/1st: 2A/128
2/1st: 2B/94
1/2nd: 2A/128
2/2nd: 2B/94

Suffolk Regiment
1st: 1/108
2nd: 1/52,68
1/4th: 2A/63,127...2B/12,13...3A/55...3B/34
2/4th: 2B/94
1/5th: 2A/128
2/5th: 2B/79,94
1/6th: 2A/4,5..2B/85
7th: 2B/72...3A/30,31...3B/97
8th: 3A/82

9th: 1/76...3A/130
10th: 3B/134
11th: 2B/37...3B/44,45
12th: 3A/49...3B/102
15th: 2B/118

Suffolk Yeomanry
1/1st: 2A/4
2/1st: 2A/5,28

Supply and Transport Companies
38th: 3A/38,39
39th: 3A/38,39
40th: 3A/38,39

Surrey Infantry Brigade: 2A/49,50

Surrey Yeomanry
1/1st: 1/100,108,120
2/1st: 2A/28

Survey Company: 1/114

Sussex Field Batteries
1/1st: 2A/50
2/1st: 2B/78
1/2nd: 2A/50
2/2nd: 2B/78
1/3rd: 2A/50
2/3rd: 2B/78
1/4th: 2A/50
2/4th: 2B/78
1/5th: 2A/50
2/5th: 2B/78
1/6th: 2A/50
2/6th: 2B/78

Sussex Yeomanry, 2/1st: 2A/28

T

Thracian Mounted Infantry: 1/112

Tirailleurs Sénégalais
123rd: 1/112
130th: 1/112

Trench Howitzer Batteries
133rd: 3A/37
135th: 3A/37
136th: 3A/37
137th: 3A/37

Trench Mortar Batteries (lettered)
V Guards: 1/28
X Guards: 1/28
Y Guards: 1/28
Z Guards: 1/28

V1: 1/36
X1: 1/36
Y1: 1/36
Z1: 1/36
V2: 1/44
X2: 1/44
Y2: 1/44
Z2: 1/44
V3: 1/52
X3: 1/52
Y3: 1/52
Z3: 1/52
V4: 1/60
X4: 1/60
Y4: 1/60
Z4: 1/60
V5: 1/68
X5: 1/68
Y5: 1/68
Z5: 1/68
W6: 1/76
X6: 1/76
Y6: 1/76
Z6: 1/76
V7: 1/84
X7: 1/84
Y7: 1/84
Z7: 1/84
W8: 1/92
X8: 1/92
Y8: 1/92
Z8: 1/92
V9: 3A/6
X9: 3A/6,7
Y9: 3A/6,7
Z9: 3A/6
V11: 3A/22
X11: 3A/22,23
Y11: 3A/22,23
Z11: 3A/22
V12: 3A/30
X12: 3A/30,31
Y12: 3A/30,31
Z12: 3A/30
X13: 3A/39
X13A: 3A/39
V14: 3A/48
X14: 3A/48,49
Y14: 3A/48,49
Z14: 3A/48
V15: 3A/56
X15: 3A/56,57
Y15: 3A/56,57

Z15: 3A/56	X32: 3B/24,25
V16: 3A/64	Y32: 3B/24,25
X16: 3A/64,65	Z32: 3B/24
Y16: 3A/64,65	V33: 3B/34
Z16: 3A/64	X33: 3B/34,35
V17: 3A/74	Y33: 3B/34,35
X17: 3A/74,75	Z33: 3B/34
Y17: 3A/74,75	V34: 3B/44
Z17: 3A/74	X34: 3B/44,45
V18: 3A/82	Y34: 3B/44,45
W18: 3A/82	Z34: 3B/44
X18: 3A/82,83	V35: 3B/54
Y18: 3A/82,83	X35: 3B/54,55
Z18: 3A/82	Y35: 3B/54,55
W19: 3A/90	Z35: 3B/54
X19: 3A/90,91	V36: 3B/64,65
Y19: 3A/90,91	X36: 3B/64,65
Z19: 3A/90	Y36: 3B/64,65
V20: 3A/98	Z36: 3B/64,65
X20: 3A/98,99	V37: 3B/74
Y20: 3A/98,99	X37: 3B/74,75
Z20: 3A/98	Y37: 3B/74,75
V21: 3A/106	Z37: 3B/74
W21: 3A/105	V38: 3B/84
X21: 3A/106,107	X38: 3B/84,85
Y21: 3A/106,107	Y38: 3B/84,85
X21: 3A/106	Z38: 3B/84
V23: 3A/122	V39: 3B/94
X23: 3A/122,123	X39: 3B/94,95
Y23: 3A/122,123	Y39: 3B/94,95
Z23: 3A/122	Z39: 3B/94
V24: 3A/130	V40: 3B/102
X24: 3A/130,131	W40: 3B/105
Y24: 3A/130,131	X40: 3B/102,103
Z24: 3A/130	Y40: 3B/102,103
W25: 3A/138	Z40: 3B/102
X25: 3A/138,139	V41: 3B/110
Y25: 3A/138,139	X41: 3B/110,111
Z25: 3A/138	Y41: 3B/110,111
V29: 1/120	Z41: 3B/110,111
X29: 1/120	V42: 2A/38
Y29: 1/120	X42: 2A/38
Z29: 1/120	Y42: 2A/38
V30: 3B/4	Z42: 2A/38
X30: 3B/4,5	V46: 2A/64
Y30: 3B/4,5	X46: 2A/64
Z30: 3B/4	Y46: 2A/64
V31: 3B/14	Z46: 2A/64
X31: 3B/14,15	V47: 2A/72
Y31: 3B/14,15	X47: 2A/72
Z31: 3B/14	Y47: 2A/72
V32: 3B/24	Z47: 2A/72
W32: 3B/24	V48: 2A/80

X48: 2A/80,81
Y48: 2A/80,81
Z48: 2A/80
V49: 2A/88
W49: 2A/8
X49: 2A/88
Y49: 2A/88
Z49: 2A/88
V50: 2A/96,97
X50: 2A/96/97
Y50: 2A/96/97
Z50: 2A/96,97
V51: 2A/104
X51: 2A/104,105
Y51: 2A/104,105
Z51: 2A/104
X52: 2A/112
Y52: 2A/112
Z52: 2A/112
X54: 2A/128
Y54: 2A/128
Z54: 2A/128
V55: 2A/136
X55: 2A/136
Y55: 2A/136
Z55: 2A/136
V56: 2A/144
X56: 2A/144
Y56: 2A/144
Z56: 2A/144
W57: 2B/4
X57: 2B/4
Y57: 2B/4
Z57: 2B/4
V58: 2B/12
X58: 2B/12,13
Y58: 2B/12,13
Z58: 2B/12
V59: 2B/20
X59: 2B/20
Y59: 2B/20
Z59: 2B/20
W60: 2B/28
X60: 2B/28
Y60: 2B/28
Z60: 2B/28
V61: 2B/36
X61: 2B/36,37
Y61: 2B/36,37
Z61: 2B/36
V62: 2B/44
X62: 2B/44
Y62: 2B/44

Z62: 2B/44
V63: 3B/121
X63: 3B/121
Y63: 3B/121
Z63: 3B/121
V66: 2B/70
X66: 2B/70
Y66: 2B/70
Z66: 2B/70
X74: 2B/118
Y74: 2B/118
X75: 2B/126
Y75: 2B/126
Z75: 2B/126

Trench Mortar Batteries (numbered)
1st: 1/36
1st (Guards): 1/28
2nd: 1/36
2nd (Guards): 1/28
3rd: 1/36...3A.55
3rd (Guards): 1/28
4th (Guards): 3B/15
5th: 1/44
6th: 1/44
7th: 3A/138,139
8th: 1/52
No.8: 1/91
9th: 1/52
10th: 1/60
11th: 1/60
12th: 1/60
13th: 1/68
14th: 3B/24,25
15th: 1/68
16th: 1/76
17th: 3A/130,131
18th: 1/76
19th: 3B/34,35
20th: 1/84
21st: 3B/4,5
22nd: 1/84
23rd: 1/92
24th: 1/92...3A/122
25th: 1/92
26th: 3A/6,7
27th: 3A/6,7
28th: 3A/7
29th: 3A/14,15
30th: 3A/14,15
31st: 3A/14,15
32nd: 3A/22,23
33rd: 3A/22,23

34th: 3A/22,23	87th: 1/120
35th: 3A/30,31	88th: 1/120
36th: 3A/30,31	89th: 3B/4,5
37th: 3A/30,31	90th: 3B/4,5
38th: 3A/39	91st: 1/84
39th: 3A/39	92/1st: 3B/14
40th: 3A/39	92/2nd: 3B/14
41st: 3A/48,49	92nd: 3B/14,15
42nd: 3A/48,49	93/1st: 3B/14
43rd: 3A/48,49	93/2nd: 3B/14
44th: 3A/56,57	93rd: 3B/14,15
45th: 3A/56,57	94/1st: 3B/14
46th: 3A/56,57	94/2nd: 3B/14
47th: 3A/64,65	94th: 3B/14,15
48th: 3A/64,65	95th: 1/68
49th: 3A/64,65	96th: 3B/24,25
50th: 3A/74,75	97th: 3B/24,25
51st: 3A/74,75	98th: 3B/34,35
52nd: 3A/74,75	99th: 1/44
53rd: 3A/82,83	100th: 3B/34,35
54th: 3A/82,83	101st: 3B/44,45
55th: 3A/82,83	102nd: 3B/44,45
56th: 3A/90,91	103rd: 3B/44,45
57th: 3A/90,91	104th: 3B/54,55
58th: 3A/90,91	105th: 3B/54,55
59th: 3A/98,99	106th: 3B/54,55
60th: 3A/98,99	107th: 3B/64,65
61st: 3A/98,99	108th: 3B/64,65
62nd: 3A/106,107	109th: 3B/64,65
63rd: 3A/55,106...3B/74,75	110th: 3A/106,107...3B/74
64th: 3A/106,107	111th: 3B/74,75
65th: 3A/114,115	112th: 3B/74,75
66th: 3A/114,115	113th: 3B/84,85
67th: 3A/114,115	114th: 3B/84,85
68th: 3A/122,123	115th: 3B/84,85
69th: 3A/122,123	116th: 3B/94,95
70th: 1/92...3A/122,123	117th: 3B/94,95
71st: 1/76	118th: 3B/94,95
72nd: 3A/130,131	119th: 3B/102,103
73rd: 3A/130,131	120th: 3B/102,103
74th: 3A/138,139	121st: 3B/102,103
75th: 3A/138,139	122nd: 3B/110,111
76th: 1/52	123rd: 3B/110,111
77th: 3A/146,147	124th: 3B/110,111
78th: 3A/146,147	125th: 2A/38
79th: 3A/146,147	126th: 2A/38
80th: 1/100	127th: 2A/38
81st: 1/100	137th: 2A/64
82nd: 1/100	138th: 2A/64
83rd: 1/108	139th: 2A/64
84th: 1/108	140th: 2A/72
85th: 1/108	141st: 2A/72
86th: 1/120	142nd: 2A/72

143rd: 2A/80,81
144th: 2A/80,81
145th: 2A/80,81
146th: 2A/88
147th: 2A/88
148th: 2A/88
149th: 2A/96,97
150th: 2A/96,97
151st: 2A/96,97
152nd: 2A/104,105
153rd: 2A/104,105
154th: 2A/104,105
155th: 2A/112
156th: 2A/112
157th: 2A/112
158th: 2A/120
159th: 2A/120
160th: 2A/120
161st: 2A/128
162nd: 2A/128
163rd: 2A/128
164th: 2A/136
165th: 2A/136
166th: 2A/136
167th: 2A/144
168th: 2A/144
169th: 2A/144
170th: 2B/4
171st: 2B/4
172nd: 2B/4
173rd: 2B/12
174th: 2B/12
175th: 2B/12
176th: 2B/20
177th: 2B/20
178th: 2B/20
179th: 2B/28,29
180th: 2B/28,29
181st: 2B/28,29
182nd: 2B/36,37
183rd: 2B/36,37
184th: 2B/36,37
185th: 2B/44
186th: 2B/44
187th: 2B/44
188th: 3B/121
189th: 3B/121
190th: 3B/121
197th: 2B/70
198th: 2B/70
199th: 2B/70
200th: 2B/78
201st: 2B/78

228th: 1/108
229th: 2B/118
230th: 2B/118
231st: 2B/118
232nd: 2B/126
233rd: 2B/126
234th: 2B/126

Tunnelling Company, 180th: 3A/121

U

Ulster Division: *See 36th Infantry Division*

V

Vaughan's Rifles, 58th: 2B/126

W

Warwickshire Field Batteries
1/1st: 2A/80
2/1st: 2B/36
1/2nd: 2A/80
2/2nd: 2B/36
1/3rd: 2A/80
2/3rd: 2B/36
1/4th: 2A/80
2/4th: 2B/36
1/5th: 2A/80
2/5th: 2B/36

Warwickshire Heavy Batteries: *See South Midland*

Warwickshire Infantry Brigades
1/1st: 2A/80
2/1st: 2B/36

Warwickshire Royal Horse Artillery
1/1st: 1/4,11,120...2A/4,12
2/1st: 2A/22,23

Warwickshire Yeomanry
1/1st: 2A/4,12,13,33
2/1st: 2A/22,23...2B/79,102

Wellington Battalion: 3B/149

Welsh Border Field Ambulances
1/1st: 2A/4
2/1st: 2A/5

Welsh Border Mobile Veterinary Sections
1/1st: 2A/4

2/1st: 2A/5

Welsh Border Mounted Brigade Transport and Supply Columns
1/1st: 2A/4
2/1st: 2A/5

Welsh Border Mounted Brigades
1/1st: 2A/2,4
2/1st: 2A/2,5...2B/51

Welsh Border Signal Troops
1/1st: 2A/4
2/1st: 2A/5

Welsh Divisional Ammunition Column, 2/1st: 2B/86

Welsh Divisions: *See 38th, 53rd and 68th Infantry Divisions*

Welsh Field Ambulances
1/1st: 2A/120
2/1st: 2B/86
1/2nd: 2A/120
2/2nd: 2B/86
1/3rd: 2A/119,120,127
2/3rd: 2B/86

Welsh Field Companies
1/1st: 2A/120
2/1st: 2A/120...2B/85

Welsh Guards, 1st: 1/28

Welsh Heavy Batteries
1/1st: 2A/119...2B/85
2/1st: 2B/85

Welsh Horse Yeomanry
1/1st: 2A/4
2/1st: 2A/4

Welsh Mobile Veterinary Section: 1/1st: 2B/85

Welsh Motor Ambulance Workshop, 2/1st: 2B/85

Welsh Regiment
1st: 1/108
2nd: 1/36
1/4th: 2A/120
4th/5th: 2A/120
1/5th: 2A/120
1/6th: 1/35,36,108
2/7th: 2A/5
8th: 3A/37,38,39
9th: 3A/90,91
10th: 3B/84
11th: 1/112...3A/114,115
12th: 3B/138
13th: 3B/84,85
14th: 3B/84,85
15th: 3B/84,85
16th: 3B/84
17th: 3B/102
18th: 3A/65...3B/102
19th: 3B/83,84,85
23rd: 1/108,112...2B/93
24th: 2B/118
51st: 2B/87
52nd: 2B/87

Welsh Royal Field Artillery Brigades and Ammunition Columns
1/1st: 2A/119...2B/85...3B/23
2/1st: 2B/86
1/2nd: 2A/119...2B/85...3B/23
2/2nd: 2B/86
1/4th: 2A/119...2B/85...3B/23
2/4th: 2B/86

Welsh Sanitary Section: 2/1st: 2B/85

Wessex Divisional Cyclist Company, 2/1st: 2B/12

Wessex Divisional Transport and Supply Column: 2A/44

Wessex Divisional Signal Company: 1/100...2A/44

Wessex Divisions: *See 43rd and 45th Infantry Divisions*

Wessex Field Ambulances
1/1st: 2A/44
2/1st: 2A/136
1/2nd: 2A/44
2/2nd: 2B/4
1/3rd: 2A/44
2/3rd: 2B/4

Wessex Field Companies
1/1st: 1/100...2A/44
2/1st: 2B/12
1/2nd: 1/100...2A/44
2/2nd: 2B/12
1/3rd: 2B/4
2/3rd: 2B/4

Wessex Heavy Batteries and Ammunition Columns
1/1st: 2A/44...2B/19,27,35
2/1st: 2A/58...2B/19,27,35

Wessex Royal Field Artillery Brigades and Ammunition Columns
1/1st: 2A/44

2/1st: 2A/56
1/2nd: 2A/44
2/2nd: 2A/56
1/3rd: 2A/44
2/3rd: 2A/56
1/4th: 2A/44
2/4th: 2A/56

West Kent Yeomanry, 2/1st: 2A/22,28

West Lancashire Division Cyclist Company, 1st: 2B/4

West Lancashire Divisions: *See 55th and 57th Infantry Divisions*

West Lancashire Divisional Signal Company, 1st: 2A/136...2B/4

West Lancashire Divisional Transport and Supply Column: 2A/136

West Lancashire Field Ambulances
1/1st: 2A/136
2/1st: 2A/136...2B/4
1/2nd: 2A/136...2B/4
3/2nd: 2B/4
1/3rd: 2A/136...2B/4

West Lancashire Field Companies
1/1st: 1/60...2A/79,136
2/1st: 2A/136...2B/4
1/2nd: 2A/38,136
2/2nd: 2A/136...2B/4
1/3rd: 2B/4

West Lancashire Mobile Veterinary Sections
1/1st: 2A/136

West Lancashire Royal Field Artillery Brigades and Ammunition Columns
1/1st: 2A/136
2/1st: 2B/4
1/2nd: 2A/136
2/2nd: 2B/4
1/3rd: 2A/136
2/3rd: 2B/4
1/4th: 2A/136
2/4th: 2B/4

West Riding Divisional Ambulance Workshop: 2A/87

West Riding Divisional Ammunition Column: 2A/88

West Riding Divisional Cyclist Company, 1st: 2A/88

West Riding Divisional Signal Company: 2A/88

West Riding Divisional Transport and Supply Column, 1st: 2A/88

West Riding Divisions: *See 49th and 62nd Infantry Divisions*

West Riding Field Ambulances
1/1st: 2A/88
2/1st: 2B/44
1/2nd: 2A/88
2/2nd: 2B/44
1/3rd: 2A/88
2/3rd: 2B/44

West Riding Field Batteries
1/1st: 2A/88
2/1st: 2B/44
1/2nd: 2A/88
2/2nd: 2B/44
1/3rd: 2A/88
2/3rd: 2B/44
1/4th: 2A/88
2/4th: 2B/44
1/5th: 2A/88
2/5th: 2B/44
1/6th: 2A/88
2/6th: 2B/44
1/7th: 2A/88
2/7th: 2B/44
1/8th: 2A/88
2/8th: 2B/44
1/9th: 2A/88
2/9th: 2B/44
1/10th: 2A/88
2/10th: 2B/44
1/11th: 2A/88
2/11th: 2B/44

West Riding Field Companies
1/1st: 1/120...2A/87
2/1st: 2A/88...2B/43,44
3/1st: 2B/44
1/2nd: 2A/88
2/2nd: 1/76...2B/43,44
1/3rd: 2B/44
2/3rd: 2B/44

West Riding Heavy Batteries
1/1st: 2A/87
2/1st: 2B/43

West Riding Infantry Brigades
1st: 2A/88
2nd: 2A/88
3rd: 2A/88

West Riding Mobile Veterinary Sections
1/1st: 2A/88
2/1st: 2B/44

West Riding Regiment: *See Duke of Wellington's Regiment*

West Riding Royal Field Artillery Brigades and Ammunition Columns
 1/1st: 2A/88
 2/1st: 2B/44
 1/2nd: 2A/88
 2/2nd: 2B/44
 1/3rd: 2A/88
 2/3rd: 2B/44
 1/4th: 2A/88
 2/4th: 2B/44

West Riding Sanitary Section: 2A/87

West Somerset Yeomanry, 2/1st: 2A/5

West Yorkshire Regiment
 1st: 1/76
 2nd: 1/92
 1/5th: 2A/88
 2/5th: 2B/43,44
 1/6th: 2A/88
 2/6th: 2B/43,44
 1/7th: 2A/88
 2/7th: 2B/43,44
 8th: 2B/44
 1/8th: 2A/88
 2/8th: 2B/43,44
 9th: 3A/22,23
 10th: 3A/74,75
 11th: 3A/122,123
 12th: 1/52...3A/106
 13th: 3B/133
 14th: 3B/137
 15th: 3B/14,15
 16th: 3B/14
 17th: 3B/54
 18th: 3B/14
 21st: 1/59,60
 51st: 2B/95
 52nd: 2B/79,95

Western Divisions: *See 13th and 19th Infantry Divisions*

Westminster Dragoons: *See 2nd County of London Yeomanry*

Westmorland and Cumberland Yeomanry, 1/1st: 2A/119...3A/56,82,98

Wiltshire Field Batteries
 1/1st: 2A/44
 2/1st: 2A/56

Wiltshire Regiment
 1st: 1/52...3A/107,138
 2nd: 1/84...3A/91... 3B/4,5
 1/4th: 2A/44...2B/126
 2/4th: 2A/56
 5th: 3A/37,38,39
 6th: 3A/49,90...3B/3
 7th: 2A/97...3A/146
 8th: 3B/137

Worcestershire Field Batteries
 1/1st: 2A/80
 2/1st: 2B/36
 1/2nd: 2A/80
 2/2nd: 2B/36
 1/3rd: 2A/80
 2/3rd: 2B/36

Worcestershire Regiment
 1st: 1/92...3A/122
 2nd: 1/44...3B/34,35
 3rd: 1/52...3A/91,138
 4th: 1/120
 1/7th: 2A/80,81
 2/7th: 2B/36
 1/8th: 2A/80...3A/139
 2/8th: 2B/36,37
 9th: 3A/38,39,41
 10th: 3A/90
 11th: 3A/146,147
 12th: 3B/136
 13th: 3B/136
 14th: 3B/120,121,124
 17th: 3B/103

Worcestershire Yeomanry
 1/1st: 2A/4,12,13
 2/1st: 2A/22,28

Works Company, 563rd: 2A/23

Y

Yeomanry Division: *See 74th Infantry Division*

Yeomanry Mounted Division: 2A/31-34

Yeomanry Mounted Divisional Signal Squadron: 2A/32

Yeomanry Mounted Divisional Train: 2A/32

Yeomanry Regiments
 1st: 2A/13
 2nd: 2A/13
 3rd: 2A/13

    4th: 2A/13
    5th: 2A/13

York and Durham Infantry Brigade: 2A/96

York and Lancaster Regiment
    1st: 1/108
    2nd: 1/76
    1/4th: 2A/88
    2/4th: 2B/43,44
    1/5th: 2A/88
    2/5th: 2B/43,44
    6th: 3A/22,23
    7th: 3A/73,74,75
    8th: 1/92...3A/122,123
    9th: 1/92...3A/122,123
    10th: 3A/106...3B/74
    11th: 3B/133
    12th: 3B/14
    13th: 3B/14,15
    14th: 3B/14
    18th: 3A/49

Yorkshire Dragoons Yeomanry, 1/1st:
    3A/74,90...3B/74

Yorkshire Hussars Yeomanry, 1/1st: 2A/64...
    2A/88,96

Yorkshire Regiment
    2nd: 1/84...3A/23... 3B/4,5
    1/4th: 2A/96,97...3B/97
    2/4th: 2B/52,114
    1/5th: 2A/96,97...3B/97
    2/5th: 2B/52,114,115
    6th: 2B/72...3A/22,139...3B/3
    7th: 3A/74
    8th: 3A/122,123
    9th: 3A/122,123,139
    10th: 3A/106
    11th: 3B/133
    12th: 3B/102,105
    13th: 3A/139...3B/47,96,102
    17th: 2B/114

www.ingramcontent.com/pod-product-compliance
Lightning Source LLC
Chambersburg PA
CBHW080407170426
43193CB00016B/2845